Daniela Hortelano

Geschlechtsspezifische Arbeitsmarktsegregation und Einkommensunterschiede

Theoretische Untersuchung und Regressionsanalyse der Situation in Deutschland und Schweden

Bachelor + Master
Publishing

Hortelano, Daniela: Geschlechtsspezifische Arbeitsmarktsegregation und Einkommensunterschiede: Theoretische Untersuchung und Regressionsanalyse der Situation in Deutschland und Schweden, Hamburg, Diplomica Verlag GmbH 2011
Originaltitel der Abschlussarbeit: Geschlechtsspezifische Arbeitsmarktsegregation und Einkommensunterschiede in Deutschland und Schweden

ISBN: 978-3-86341-078-0
Druck: Bachelor + Master Publishing, ein Imprint der Diplomica® Verlag GmbH, Hamburg, 2011
Zugl. Justus-Liebig-Universität Gießen, Gießen, Deutschland,
Bachelorarbeit, 2010

Bibliografische Information der Deutschen Nationalbibliothek:
Die Deutsche Nationalbibliothek verzeichnet diese Publikation in der Deutschen Nationalbibliografie;
detaillierte bibliografische Daten sind im Internet über http://dnb.d-nb.de abrufbar.

Die digitale Ausgabe (eBook-Ausgabe) dieses Titels trägt die ISBN 978-3-86341-578-5 und kann über den Handel oder den Verlag bezogen werden.

Dieses Werk ist urheberrechtlich geschützt. Die dadurch begründeten Rechte, insbesondere die der Übersetzung, des Nachdrucks, des Vortrags, der Entnahme von Abbildungen und Tabellen, der Funksendung, der Mikroverfilmung oder der Vervielfältigung auf anderen Wegen und der Speicherung in Datenverarbeitungsanlagen, bleiben, auch bei nur auszugsweiser Verwertung, vorbehalten. Eine Vervielfältigung dieses Werkes oder von Teilen dieses Werkes ist auch im Einzelfall nur in den Grenzen der gesetzlichen Bestimmungen des Urheberrechtsgesetzes der Bundesrepublik Deutschland in der jeweils geltenden Fassung zulässig. Sie ist grundsätzlich vergütungspflichtig. Zuwiderhandlungen unterliegen den Strafbestimmungen des Urheberrechtes.

Die Wiedergabe von Gebrauchsnamen, Handelsnamen, Warenbezeichnungen usw. in diesem Werk berechtigt auch ohne besondere Kennzeichnung nicht zu der Annahme, dass solche Namen im Sinne der Warenzeichen- und Markenschutz-Gesetzgebung als frei zu betrachten wären und daher von jedermann benutzt werden dürften.

Die Informationen in diesem Werk wurden mit Sorgfalt erarbeitet. Dennoch können Fehler nicht vollständig ausgeschlossen werden, und die Diplomarbeiten Agentur, die Autoren oder Übersetzer übernehmen keine juristische Verantwortung oder irgendeine Haftung für evtl. verbliebene fehlerhafte Angaben und deren Folgen.

© Bachelor + Master Publishing, ein Imprint der Diplomica® Verlag GmbH
http://www.diplom.de, Hamburg 2011
Printed in Germany

Inhaltsverzeichnis

Tabellenverzeichnis **6**

Einleitung **7**

Teil 1: Entgeltungleichheit und ihre Ursachen **13**

    1.1 Beruf und Gehalt in Deutschland 13
        1.1.1 Entwicklung der geschlechtsspezifischen Arbeitsmarktsegregation von 14
        1980 bis 1990 14
        1.1.2 Ursachen und theoretische Ansätze 17
        1.1.3 Aktuelle Befunde zu Geschlecht und Einkommen in Deutschland 20
    1.2 Geschlechtsspezifische Arbeitsmarktsegregation in Schweden 26
    1.3 Zusammenhang von Einkommen und Armut 29

Teil 2: Gleichstellungspolitische Maßnahmen und Ihre Erfolge **33**

Teil 3: Eine empirische Untersuchung der geschlechtsspezifischen Einkommensunterschiede in Deutschland **39**

    3.1 Explikation der Hypothesen 39
    3.2 Methodisches Vorgehen 40
        3.2.1 Datengrundlage: ALLBUS/ ISSP 2002 40
        3.2.2 Operationalisierung der Hypothesen 41
    3.3 Analyse 43
        3.3.1 Analyse: Modus, Median und arithmetisches Mittel 43
        3.3.2 Vorbereitung des Regressionsmodells 45
    3.4 Analyse: multivariate Regression 47
        3.4.1 Regression 47
        3.4.2 Modellformulierung 49
        3.4.3 Schätzung der Regressionsfunktion 50
        3.4.4 Prüfung der Regressionsfunktion 51
            3.4.4.1 Bestimmtheitsmaß r^2 52
            3.4.4.2 F- Statistik 52
            3.4.4.3 Standardfehler der Schätzung 53
        3.4.5 Prüfung der Regressionskoeffizienten 53
            3.4.5.1 T- Test der Regressionskoeffizienten 54
            3.4.5.2 Beta- Wert 54
    3.5 Interpretation der Ergebnisse und Prüfung der Hypothesen 55

Literatur **61**

Tabellenverzeichnis

Tabelle 1: Einkommen nach Männer-, Frauen- und Mischberufen bei Berufseintritt 16

Tabelle 2: Frauenanteil in öffentlichen Gremien, Räten, und Komitees in den skandinavischen Ländern (in Prozent) 27

Tabelle 3: Operationalisierung der Indikatoren 41

Tabelle 4: Verteilung von Faktoren Geschlecht und Familienstatus 41

Tabelle 5: Kreuztabelle Geschlecht und Familienstatus 42

Tabelle 6: Verteilung der abhängigen Variablen Einkommensstatus 43

Tabelle 7: Deskriptive Statistik der Faktoren 43

Tabelle 8: Deskriptive Statistik der abhängigen Variable 44

Tabelle 9: Dummy- Variablen der unabhängigen Variablen 46

Tabelle 10: Korrelation männlich und weiblich 47

Tabelle 11: Korrelation verheiratet und single/ nie verheiratet 48

Tabelle 12: aufgenommene/ entfernte Variablen 48

Tabelle 13: Modellzusammenfassung 48

Tabelle 14: ANOVA 48

Tabelle 15: Koeffizienten 49

Teil 4: Fazit und Ausblick 57

Abbildungsverzeichnis

Abbildung 1: Anteil von Frauen und Männern in hohen Verdiensten 15

Abbildung 2: Die meisten Topverdiener sind Männer 23

Abbildung 3: Anzahl der Gehaltserhöhungen in fünf Jahren 25

Abbildung 4: Erwerbspartizipation und Teilzeitquote von Frauen und Männern im Vergleich 2002 (in Prozent) 28

Abbildung 5: Armutsgefährdungsquote von Haushalten 2001 (in Prozent) 31

Abbildung 6: Kontrollfunktion bei zwei unabhängigen Variablen im multiplen Regressionsmodell 45

Abbildung 7: Regressionsfunktion der Stichprobe 49

Abbildung 8: allgemeine Regressionsgleichung 50

Einleitung

Seit dem Ende des zweiten Weltkriegs und dem Beginn der modernen Weltordnung hat die westliche Gesellschaft eine weitreichende Entwicklung durchlebt, die noch immer anhält. Die derzeitige gesellschaftliche Lage zeichnet sich aus durch Umwandlungen von Politik und Kultur, wie die voranschreitende Globalisierung sowie Ausweitung und Entwicklung von Kommunikationstechnologie und biotechnologischer Forschung (vgl. Benhabib 1999: 15).

Die Entwicklung der westlichen Gesellschaft wird darüber hinaus von einer Problematik begleitet, die immerhin die Hälfte der Menschheit betrifft und daher nicht weniger relevant ist als beispielsweise Terrorismus, Voranschreiten der Reproduktionsmedizin und Umweltzerstörung in einer von Unsicherheiten begleiteten menschlichen Existenz (vgl. Beck 2007). Diese Problematik findet ihren Ursprung bereits beim Übergang von Agrar- ins Industriezeitalter, im Beginn der Frauenerwerbsarbeit. In der vorindustriellen Zeit war die Mitarbeit der Frau in Privatbetrieben gängig, doch aufgrund der wachsenden Bedeutung des Reproduktionsmittels Arbeit im Zuge der industriellen Revolution, erlangten alle Bereiche des sozialen Lebens, beispielsweise jene der Familie, Erziehung und Kultur, einen gravierenden Wandlungsprozess, da sie als unbezahlte Tätigkeiten an Ansehen verloren. Dies hatte zur Folge, dass das System der gesellschaftlich organisierten Arbeit nicht mit der Institution Familie harmonisierte. Aufgrund ihrer Reproduktionsfähigkeit und gesellschaftlicher Vorurteile, wurde die Verrichtung der Hausarbeit, Kindererziehung und allgemein Familienerhaltung und -versorgung mit der weiblichen Gesellschaftsrolle verknüpft. Während der Mann als patriarchales Familienoberhaupt den Lebensunterhalt verdient, ist die Frau hauptsächlich Hausfrau und in der öffentlichen Sphäre maximal >Dazuverdienerin< (vgl. Becker- Schmidt/ Knapp 2000: 24- 27). Da Geld das Medium gesellschaftlicher Austauschprozesse ist, das Hausarbeit schwer bemessen kann, wird im Kapitalismus die Institution Familie marginalisiert, da der entlohnten Arbeit in der Gesellschaft mehr Prestige zukommt. Kurz gesagt: die Frau erhält für ihre Tätigkeit kein angemessenes gesellschaftliches Ansehen, weil im Kapitalismus Hausarbeit und Familienversorgung kein Geld einbringen. Daher besteht zwischen der öffentlichen Sphäre Arbeit und der privaten Sphäre der Familie eine Rangordnung: die private Sphäre muss sich der öffentlichen beugen. Das führt dazu, dass männlich dominierte, öffentliche Sektoren, wie zum Beispiel Politik, Wirtschaft und Naturwissenschaft, hohes Ansehen genießen gegenüber der unbezahlten Tätigkeiten innerhalb der privaten Sphäre von Haushalt und Familie (vgl. Becker- Schmidt/ Knapp 2000: 56- 60). Dies brachte die Frau in ein Dilemma: der Bereich der Prokreation, Haushalts- und Kinderversorgung wird nicht angemessen honoriert und innerhalb der öffentlichen Sphäre der entlohnten gesellschaftlich organisierten Arbeit wird sie vergleichsweise schlechter bezahlt und zudem in ihrem Qualifikations- bzw. Ausbildungsniveau marginalisiert. Da der ökonomische Erwerb gegenüber der Hausarbeit vorrangig ist, verlor und verliert letztere weiterhin an öffentlicher Anerkennung. Daher befindet sich das weibliche Geschlecht in der westlichen Gesellschaft in dem Dilemma der „doppelten Vergesellschaftung", da die Frau sowohl in dem privaten als auch öffentlichen Bereich der Gesellschaft eingebunden ist, aber in keiner der beiden Bereiche eine angemessene oder gleichberechtigte Honorierung zugestanden wird. Das patriarchalische Familienmodell lässt die Politik nur ungenügend mit sozialer Gewalt gegen Frauen befassen und schließt sie aus den politischen Feldern wie Parteien, Parlamente und Kabinette aus. Da die öffentliche, politische Sphäre von den Männer beherrscht und die Frau in diesem Bereich lediglich eine Randgruppe darstellt, ist die Relation der privaten zur öffentlichen Sphäre ein Bestandteil feministischer Gesellschaftsanalyse.

In kapitalistischen Ländern wird das menschliche Leben sehr stark vom Produktionsfaktor Arbeit und vom Warentausch beeinflusst. Die geschlechtsspezifische Arbeitsmarktsegregation besitzt für die europäische Geschlechter- und Feminismusforschung hohe Relevanz, da die Familie noch immer die grundlegende gesellschaftliche Institution darstellt, ohne die Erziehung der nachfolgenden Generation ist das Fortbestehen der Gesellschaft nicht möglich und keineswegs zu belächeln (Becker- Schmidt/ Knapp 2000: 57).

Bei weiterer Betrachtung der modernen Öffentlichkeit, scheint sie nach mehr als 200 Jahren kapitalistisch geprägter Entwicklung, eine Politik zu entwickeln, die sich von der Parteipolitik zu politischen und sozialen Protestbewegungen wandelt und danach strebt, eine Politik hervorzubringen, die kollektive Formen von Identität, wie zum Beispiel Homo- und Transsexuelle, Punks sowie religiöse Gruppen, anzuerkennen. Hinsichtlich dessen ist es erschreckend, dass die Frau im Erwerbsleben noch immer nicht emanzipatorisch behandelt, Hausarbeit sozial abgestuft wird und sich an der patriarchalischen Ordnung und der damit einhergehenden ungleichen Honorierung, zumindest aus empirischer Sicht, bis heute nichts verändert hat (vgl. Benhabib 1999:

18; vgl. Holland- Cunz 2003: 174 f.). Das Gegenteil ist der Fall: der Verdienstunterschied zwischen Frauen und Männern in Deutschland betrug 2009 durchschnittlich 23% (vgl. BMFSJ 2009: 10).

Doch bestehen zwischen den westlichen Ländern untereinander schwer übersehbare Unterschiede. Laut Gender Daten Report betrug der Einkommensunterschied zwischen den Geschlechtern in Schweden 2003 16 Prozent. Dies sind vergleichsweise 7 Prozent weniger als in Deutschland, wo in demselben Jahr der Verdienstunterschied bereits bei 23 Prozent lag. In Schweden hingegen sank dieser bis 2010 auf 6 Prozent und ist nach Angaben des Bundeskanzleramts Österreich der geringste Einkommensunterschied in Europa und bietet Deutschland ein vergleichbares Gegenstück (vgl. BMFSFJ 2005; vgl. Bundeskanzleramt Österreich 2009).

Zu Fragen ist bei Betrachtung der obigen Daten zweierlei:
1. woher rührt der geschlechtsspezifische Einkommensunterschied bzw. worin bestehen seine Faktoren? Und
2. wieso sind sie innerhalb Europas so unterschiedlich, wie im Falle Deutschland und Schweden?

Zu untersuchen, welche beobachtbaren Faktoren für den Entgeltunterschied zwischen Frauen und Männern sowie der einhergehenden geschlechtsspezifischen Arbeitsmarktsegregation in Deutschland und Schweden verantwortlich sind und woher die Unterschiede zwischen den zwei Nationen herrühren, ist Ziel dieser Arbeit.

Der Inhalt setzt sich daher zusammen aus :
- einer Diskussion über geschlechtsspezifische Arbeitsmarktsegregation und Einkommensunterschiede in Deutschland und Schweden und
- darüber hinaus wird der Zusammenhang zwischen Einkommensstatus und Geschlecht sowie Einkommensstatus und Familienstatus auf Grundlage einer trivariaten Regression untersucht.

Hierbei ist anzumerken, dass Berufe in der Regel dann als segregiert betrachtet werden, wenn sich weniger als 30 Prozent des anderen Geschlechts im jeweiligen Beruf befinden. Es handelt sich dann um männer- und frauentypische Berufe (vgl. Heintz/ Nadai 1997: 16).

Einkommensvergleiche und -analysen zwischen den Geschlechtern sind auf fünf Ebenen möglich:
- auf internationaler Ebene handelt es sich um Vergleiche westlicher Nationen,

- auf nationaler handelt es sich um politische Maßnahmen zur Abschaffung der Arbeitsmarktsegregation,
- die lokale Ebene beschäftigt sich mit Arbeitsmarktstrukturen,
- die Organisationsebene bildet Strategien zur Bekämpfung der Segregation und
- die individuelle Ebene setzt sich mit Geschlechtsmustern des Arbeitsverhältnisses auseinander (vgl. Gonäs 2006: 34).

Diese Untersuchung verläuft auf nationaler und internationaler Ebene.

Im ersten Kapitel werden familiäre Strukturen, Berufsvorstellungen, Studien zur Arbeitsmarktsegregation sowie Einkommensentwicklung und -ungleichheit in Deutschland analysiert. Hiernach folgt die Untersuchung der Ursachen und Faktoren des Verdienstunterschiedes zwischen Frauen und Männern auf literarischer Grundlage, der durch den sogenannten Gender Pay Gap abgebildet wird. Zudem wird auf Entwicklungen der schwedischen Frauenpartizipation und -erwerbsbeteiligung sowie auf Frauenbeschäftigungsumfang und Armutsrisiko in beiden Ländern eingegangen. Aus temporären und aus Gründen der Überschaubarkeit der vorliegenden Thesis, wird die theoretische Untersuchung im ersten Teil in den 80er Jahren stattfinden und die Entwicklung bis ins Jahr 2009 aufzeigen. Im darauf folgenden Abschnitt wird ein vergleichender Blick zwischen Deutschland und Schweden, insbesondere Armuts- und Reichtumslagen betreffend, gewagt.

Ferner werden im zweiten Teil die Einflussfaktoren der Entgeldunterschiede auf Grundlage wissenschaftlicher Thesen empirisch überprüft. Die Basis der Untersuchung bietet das International Social Servey Programme 2002: Family and Changing Gender Roles 3 (ISSP 2002). Ebenfalls aus temporären Gründen und jenen der Überschaubarkeit, findet die empirische Untersuchung lediglich für Deutschland statt. Letztendlich folgt der Untersuchung die Vorstellung gleichstellungspolitischer Maßnahmen beider Länder und eine Beurteilung der Ergebnisse sowie mögliche Zukunftsaussichten sowohl für die betreffende Zielgruppe, als auch für die Gesamtgesellschaft.

Teil 1: Entgeltungleichheit und ihre Ursachen

1.1 Beruf und Gehalt in Deutschland

Dass das Thema der Entgeltungleichheit und der geschlechtsspezifischen Arbeitsmarktsegregation in erster Linie junge Frauen betrifft, zeigt die Studie von Liesering und Rauch (1996). In dieser ist der Anteil der Frauen, die ihre Berufsvorstellungen im Kontext persönlicher und familiärer Zukunftskonzeptionen äußern, höher als der Anteil der Männer, die ihre Meinung gleichermaßen vor dem Hintergrund der Familienplanung zu Wort tragen. Aus der Befragung kristallisierten sich drei Modelle für die Vereinbarkeit von Familie und Beruf heraus:

- das integrative Modell beinhaltet die temporäre Verknüpfung von Familie und Beruf. Lediglich 9 Prozent der befragten jugendlichen Jungen äußerten sich für das Modell gegenüber 24 Prozent der Mädchen;
- das sukzessive Modell beinhaltet die zeitliche Trennung von Familie und Beruf. Der Anteil der Männer ist hierbei zwar höher, doch im Vergleich zu den Frauen, sind Beruf und Familie auf der zeitlichen Achse weiter entfernt. Die jungen Frauen möchten sich zunächst ihrem Beruf widmen, um diesen dann aufgrund der Kinderbetreuung mindestens teilweise aufzugeben. Die Jungen setzen Familiengründung temporär weiter nach hinten, planen aber keine familienbedingte Berufsunterbrechung. Hier spiegelt sich die geschlechtliche Arbeitsteilung wider;
- hinsichtlich des Ausschließlichkeitsmodells äußern sich die Jugendlichen für eine Prioritätensetzung zugunsten der beruflichen Ambitionen. Hierfür entschieden sich der Großteil der jungen Frauen, die sich ausschließlich auf ihren Beruf konzentrieren möchten (vgl. Riesing/ Rauch 1996: 10 f.).

Insgesamt betrachtet wirkt das sukzessive Modell attraktiver auf die Jungen, währenddessen das Ausschließlichkeitsmodell von den Mädchen bevorzugt wird.

1.1.1 Entwicklung der geschlechtsspezifischen Arbeitsmarktsegregation von 1980 bis 1990

1990 war ein leichter Anstieg der Frauen in Männerberufen erkennbar: waren 1980 1 Prozent der Absolventinnen einer betrieblichen Berufsausbildung in männertypischen Berufen tätig, waren es 1990 3 Prozent. Hingegen sank der Anteil der ins Berufsleben eintretenden Männern von 72 Prozent 1980 auf 70 Prozent 1990; doch bleiben ihre beruflichen Tätigkeiten von geschlechtsspezifischer Teilung geprägt (vgl. Engelbrech 1996: 72 f.). Die zunehmende frauenpolitische Diskussion und die Anfänge der Gleichstellungspolitik, die leider erst Mitte der 90er Jahre zu tragen kam, konnte nicht verhindern, dass 1990, bereits ein Jahr nach Berufseintritt nach abgeschlossener Berufsausbildung, Männer im Durchschnitt ein Viertel mehr verdienten als Frauen (vgl. ebd.; BMFSJ 2003). Ein Tatbestand, der sich bis heute nur geringfügig verändert hat.

Hierbei muss erklärt werden, was unter typischen ‚Männer'- und typischen ‚Frauenberufen' verstanden wird. Wie bereits in der Einleitung erwähnt, spalten sich Berufe in die Sphären der Öffentlichkeit und der Privatheit. Die Privatheit wird mit Prokreation und Familienversorgung, tendenziell von Frauen getätigt, verknüpft. Die öffentliche Sphäre hingegen ist weitgehend verknüpft mit Berufen der Politik, Wirtschaft und Forschung. In Abbildung 1 sind Berufe mit hohen und niedrigen Verdiensten und ihren jeweiligen Frauen- und Männeranteilen, bereitgestellt vom Bundesministerium für Familie, Senioren, Frauen und Jugend, abgebildet. Dabei handelt es sich um eine Zusammenstellung von 2008. Leider ist eine Zusammenstellung der geschlechtstypischen Berufe in den 80er Jahren weder bei Liesering und Rauch, noch bei Engelbrech zu finden. Typische männerdominierte Berufsbereiche (der Männeranteil beträgt mehr als 69 Prozent) befinden sich beispielsweise in Geschäftsleitung (höchster Anteil mit 81,5 Prozent), Luftverkehrsberufe, Unternehmensberatung, Organisation sowie Chemiker und Chemieingenieurswesen. Frauendominiert sind Berufe der Friseurin, Wäscherin und Plätterin, Raumpflegerin sowie hauswirtschaftlicher Betreuerin (höchster Anteil mit 94, 3 Prozent). In unterer Abbildung ist ferner erkennbar, dass niedrig bezahlte Berufe von Frauen und hochbezahlte von Männern überrepräsentiert werden und überdies erstere stark mit Tätigkeiten der Haushaltsversorgung, Familie und sozialen Kompetenzen zusammenhängen, hingegen letztere tendenziell mit leitenden und/ oder verantwortungstragenden Positionen.

Abbildung 1: Anteil von Frauen und Männern in hohen Verdiensten ...

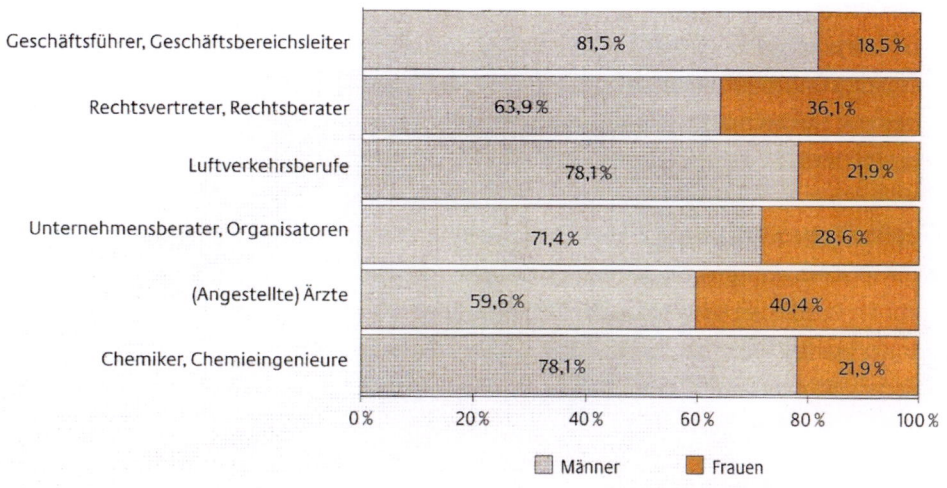

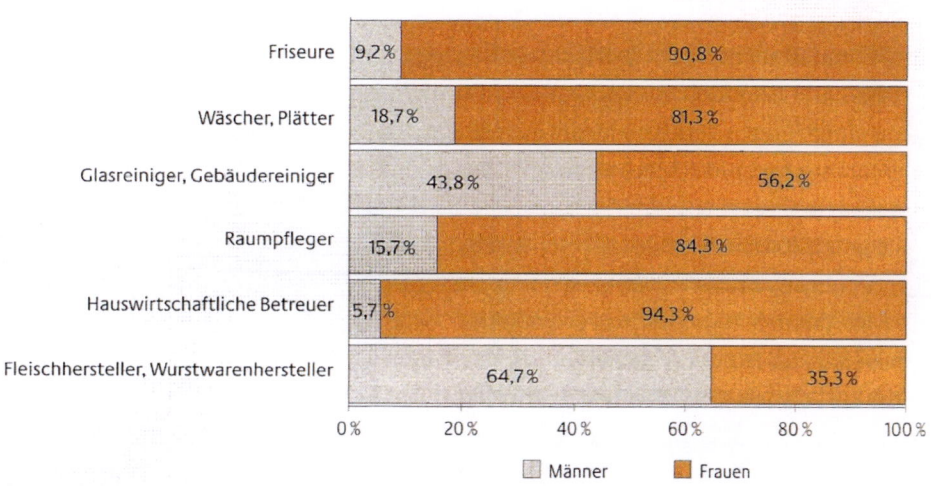

Quelle: Destatis (2008)

In Tabelle 1 ist erkennbar, dass bereits 1990, fast 20 Jahre zuvor, Männer in männerdominierten Berufen ein höheres Einkommen erzielten und der durchschnittliche Verdienst in Männerberufen höher war als in Frauenberufen. Das Durchschnittseinkommen der Männer war in jedem Jahr höher als das der Frauen. Jedoch stieg der Unterschied von 1980 bis 1990 um 21 Prozent und von 1985 bis 1990 um rund 15 Prozent. Der Einkommensunterschied sank also von 1985 bis 1990 im Vergleich zu den Jahren davor. Doch bei Betrachtung der gesamten Dekade, liegt der Unterschied bei rund 33 Prozent (vgl. Engelbrech 1996: 76- 79; eigene Berechnung; vgl. Bundesministerium für Familie, Senioren, Frauen und Jugend 2009).

Abbildung 1 und Tabelle 1 zeigen daher, dass sich innerhalb von 20 Jahren in der geschlechtlichen Zusammensetzung auf dem Arbeitsmarkt wenig verändert hat.

Tabelle 1: Einkommen nach Männer-, Frauen- und Mischberufen bei Berufseintritt

Abweichung der Einkommen vollzeitbeschäftigter Männer und Frauen vom jeweiligen Durchschnittseinkommen ein Jahr nach Abschluß einer betrieblichen Ausbildung. Vergleich nach Ausbildungsberufen mit hohem, mittlerem und niedrigem Frauenanteil für die Jahre 1980, 1985 und 1990 insgesamt und für Absolventen, die im Ausbildungsberuf verblieben sind (Querschnittsvergleich)

Ausbildungsberufe mit Frauenanteil	Abweichung vom Durchschnittseinkommen in %										
	1980				1985				1990		
	Männer		Frauen		Männer		Frauen		Männer		Frauen	
	insg.	im Ausb. beruf	insg.	im Ausb. beruf	insg.	im Ausb. beruf	insg.	im Ausb. beruf	insg.	im Ausb. beruf	insg.	im Ausb. beruf
0% - 20%	101	101	102	110	103	103	113	119	103	103	117	122
20% - 40%	98	100	116	124	88	88	102	106	87	86	101	102
40% - 60%	99	102	117	125	99	103	119	126	99	102	116	123
60% - 80%	100	101	111	112	95	94	108	108	96	95	109	109
80% - 100%	82	76	88	85	78	73	87	85	80	75	88	85
Durchschnittseinkommen in DM	2.126	2.094	1.675	1.649	2.545	2.526	1.974	1.963	3.098	3.095	2.427	2.408

Eigene Berechnungen des Instituts für Arbeitsmarkt- und Berufsforschung, Nürnberg

Zuordnung der Ausbildungsberufe nach dem Frauenanteil 1979 für 1980
Zuordnung der Ausbildungsberufe nach dem Frauenanteil 1984 für 1985
Zuordnung der Ausbildungsberufe nach dem Frauenanteil 1989 für 1990

Quelle: Institut für Arbeits- und Berufsforschung der Bundesanstalt für Arbeit (1996)

Darüber hinaus wies Engelbrech Einkommensunterschiede innerhalb der Berufe nach. 1990 verdienten Männer nach Ausbildungsabschluss 20 Prozent mehr als ihre Kolleginnen in demselben Beruf. Die horizontale und vertikale Segregation führte dazu, dass das Einkommen von Männern in typisch männlichen Berufen 1990 bis zu doppelt so hoch war als das der Frauen in frauendominierten Berufen.

Zudem nahmen Frauen, die in männerdominierte Berufe einstiegen, tendenziell Berufe an, die für Männer schlechter bezahlt waren. Doch selbst die Entlohnung dieser Berufe lag über dem weiblichen Durchschnittseinkommen. Dies trug dazu bei, dass sich der Einkommensunterschied zwischen typisch männlichen und typisch weiblichen Berufen vergrößerte. Daraus erschließt sich, dass es für Frauen erst möglich ist, in männlich dominierte Berufsbereiche einzusteigen, wenn dort die Nachfrage nach Arbeitskräften steigt, diese aber für Männer an Attraktivität verlieren (vgl. Engelbrech 1996: 80 f.).

Des weiteren vergrößerten sich die Diskrepanzen innerhalb der geschlechtsspezifischen Berufe. Vollzeitbeschäftigte Frauen in Männerberufen verdienten 1980 21 Prozent und 1990 25 Prozent weniger als ihre männlichen Kollegen. Hingegen verdienten Frauen in Frauenberufen 1980 12 Prozent und 1990 27 Prozent weniger.

Betrachtet man also die Einkommensunterschiede im Berufsverlauf, ist erkennbar, dass sich die Einkommensdiskrepanzen zwischen den Geschlechtern sowohl innerhalb geschlechtsdominierter Berufe, als auch die Kluft zwischen den Berufen vergrößerten (vgl. Engelbrecht 1996: 84- 86).

1.1.2 Ursachen und theoretische Ansätze

Bei Betrachtung der Gesamtentwicklung zwischen 1980 und 1990 wird ersichtlich, dass männertypische Berufe für Frauen schwerer zugänglich sind als umgekehrt. Welche makrosoziologischen Faktoren verursachen diesen Tatbestand? Charles (1992), Jacobs und Lim (1995) haben internationale Untersuchungen zur Entwicklung beruflicher Segregation angestellt, die belegen, dass – ein Widerspruch der klassischen Modernisierungstheorie - Modernisierungsprozesse die geschlechtsspezifische Segregation verstärken. Charles Untersuchungen ergeben eine positive Korrelation zwischen geschlechtsspezifischer Arbeitsmarktsegregation und wirtschaftlicher Modernisierungsindikatoren, wie beispielsweise das Bruttosozialprodukt pro Einwohner und der Ausbau des Dienstleistungssektors für 25 Länder. Zwei besonders relevante Faktoren sind der Arbeitsmarkt und sein Grad der Nachfrage- und Angebotsachse sowie eine Frauenbewegung, die politisch unabhängig ist (vgl. Charles 1992; vgl. Jacobs/ Lim 1995). Weitere Studien der 80er Jahre, beispielsweise von Jacobs (1989) und Steinberg (1995), belegen ferner, dass die berufliche Segregation nach Geschlecht insgesamt negativ für Frauen ausfällt. Frauenberufe sind konjunkturell ungeschützte Berufe, die im Vergleich zu männerdominierten Berufen weniger Aufstiegsmöglichkeiten und niedrigere Entlohnung bieten.

Zudem besteht die größte Diskrepanz zwischen verheirateten Männern und verheirateten Frauen: verheiratete Männer bezogen Anfang der 90er Jahre tendenziell das höchste und verheiratete Frauen das niedrigste Einkommen. Ursache hierfür ist die geschlechtsspezifische Aufteilung nach sukzessivem Familienmodell. Eine Ursache für die allgemeine Diskrepanz liegt in der Wertung typischer Männer- und Frauenberufe. Körperkraft und technische Kompetenz werden gesellschaftlich höher gewertet als Fingerfertigkeit und soziale Kompetenz. Diese Unterbewertung existiert bis heute. Sie ist die Folge geschlechtsbezogener Vorurteile und Stereotypisierung. Die Moral der Gesellschaft bewertet die Verantwortung beispielsweise für Maschinen und Finanzen höher als die Verantwortung für Menschen in sozialen Berufen (vgl. Steinberg 1995). Zur Erklärung dieser geschlechtsspezifischen Segregation wurden in der soziologischen Forschung der 80er und 90er Jahre akteurstheoretische und strukturtheoretische Ansätze entwickelt. Der akteurtheoretische Ansatz führt die geschlechtsspezifische Segregation auf individuelle Merkmale sowie Kosten- und Nutzen- Kalküle, Schule und kindliche Sozialisation zurück. Der strukturtheoretische Ansatz hingegen führt selbige zu Arbeitsmarktstruktur und ihre Zwänge und Hindernisse (vgl. Heintz/ Nadai 1997: 22- 24; vgl. BMFSFJ 2009: 26).

In Kindheit und Jugend des Individuums vermitteln gesellschaftliche Werte und Normen Vorstellungen darüber, wie sich Menschen nach ihrem jeweiligen Geschlecht zu verhalten haben. Dies internalisiert im Verlauf der Primärsozialisation Geschlechterstereotypen und Vorstellungen einer Berufswahl. Diese Stereotypen sind historisch zugeschrieben und daher wandelbar. Frauentypische Berufe setzen beispielsweise die Fähigkeit zur Fürsorge und soziale Kompetenzen voraus oder werden mindestens mit ihr verknüpft. Die Sozialisationstheorie im Kontext der beruflichen Segregation erklärt lediglich den Tatbestand der geschlechtsspezifischen Berufswahl, aber nicht ihre Ursache. Sie wird mit dem Argument stark kritisiert, dass die Sozialisation ein Leben lang verläuft und Geschlechterbilder wandeln können (vgl. Kohn/ Schooler 1982). Unterdessen vergisst sie einen Aspekt: beschränkte berufliche Möglichkeiten sind die Einflussfaktoren für die weibliche Familienorientierung, die ‚Familienkarriere' als Alternative erscheinen lassen (vgl. Heintz/ Obrecht 1981: 447- 472). Dies trifft insbesondere für Frauen in gering qualifizierten Berufen zu. Da Frauen aufgrund der gesellschaftlichen Rollenverteilung dahin tendieren, Berufe auszuüben, die für die Bereiche Familie und Haushalt funktional sind, schließen Beck- Gernsheim und

Ostner (1978) daraus, dass die Übereinstimmung von Arbeitsvermögen[1] und Arbeitserfordernis der Grund dafür ist, dass sich Frauen für frauentypische Berufe entscheiden (vgl. Beck- Gernsheim/ Ostner 1978).

Die humankapitalistische Theorie hebt ebenfalls die individuelle Berufswahl hervor. Demnach wählen Frauen tendenziell Berufe, die sich mit der Familie am effizientesten vereinbaren lassen und ein relativ hohes Einkommen ermöglichen, indem sie beispielsweise nach einer oder mehreren Kinderpausen Teilzeitbeschäftigung und Wiedereinsteig erlaubt (vgl. Blau/Jusenius 1976: 181- 200; vgl. Mincer/ Polachek 1974: 76- 108; vgl. Osterloh/ Oberholzer 1994: 3- 10). Aber auch diese Theorie wird stark kritisiert, da Frauen, nach humankapitaltheoretischer Logik, männertypische Berufe ausüben würden, da diese in der Regel besser entlohnt werden – dieses Argument ist aber sehr fraglich, denn wie wir aus dem ersten Kapitel wissen, finden Frauen schwerer Zugang in Männerberufe als umgekehrt (vgl. England 1982, 1984). Zudem ist aus den Sozialisations- und Humankapitaltheorien zu schließen, dass die Wahl von frauen- und männertypischen Berufen weniger Prozesse der freien Entscheidung sind, sondern viel mehr die „Folge von strukturellen Zwängen und Kanalisationsprozessen in der Arbeitswelt selbst" (Heintz/ Nadai 1997: 31).

Diese Zwänge und Barrieren der Gesellschaft und Arbeitswelt, mit der Frauen konfrontiert werden, stellen im strukturtheoretischen Erklärungsansatz die Ursache für die geschlechtsspezifische Arbeitsmarktsegregation dar. Diese Zwänge und Barrieren werden durch kontinuierliche soziale Kontrollmechanismen bestimmt, die Frauen und Männer geschlechtstypische Berufe wählen lassen. Unter diesen Zwängen und Barrieren sind beispielsweise die Zuordnung eines bestimmten Arbeitsvermögens (wie oben beschrieben) und die gesellschaftliche und arbeitsmarktspezifische Rollenzuweisung zu verstehen (vgl. Jacobs 1989).

Grundsätzlich werden Geschlechter als binär organisiert betrachtet, bzw. von Institutionen, juristischen Regulierungen und Organisationen des Alltags als binär konstruiert (vgl. Foucault 1977). In der feministischen sowie der Sex- Gender- Debatte, insbesondere im Zuge homosexueller Bewegungen seit den 60er Jahren, geriet diese Konstruktion unter starken Druck. Prokop kam 1976 zu der Erkenntnis, dass Gleichberechtigung der Geschlechter auf dem Arbeitsmarkt, aber auch in alltäglichen

---

[1] mit Arbeitsvermögend der Frau sind ihre produktiven Fähigkeiten gemeint, die –unter Einfluss gesellschaftlich geltender Normen und Werte- tendenziell für familien- und haushaltsnahe Berufe geeignet sind. Dieser Erklärungsansatz steht unter starker feministischer Kritik, da zum Beispiel Büroberufe den prozentual höchsten Berufsbereich darstellen. Darüber hinaus haben sich viele ehemals männliche Berufe, wie Verkäufer und Büroberufe, in den letzten 3 Dekaden in frauentypische Berufe gewandelt (vgl. Willems- Herget 1985).

Organisationen, die Angleichung des weiblichen an das männliche Geschlecht bedeutet, da eine Asymmetrie in der Anerkennung von weiblicher und männlicher Arbeit besteht. Daher müsste sich, nach Prokops Analyse, die Frau von der Anerkennung ihres ‚weiblichen Arbeitsvermögens' befreien und in Berufe der öffentlichen Sphäre, daher in männertypische Berufe, vordringen (vgl. Prokop 1976). Die feministische und soziologische Forschung und Literatur hat seit den 70er Jahren die universalen Begriffe der Geschlechtlichkeit überwunden und setzt an Stelle der Binarität das Konzept der multiplen Geschlechtsidentitäten (vgl. Villa 2007). Doch, wie schon im letzten Kapitel diskutiert, sieht die Realität anders aus. Dass sich strukturelle Zwänge und Barrieren nicht abgebaut haben, zeigt das nächste Kapitel.

1.1.3 Aktuelle Befunde zu Geschlecht und Einkommen in Deutschland

Laut dem „Familienatlas- Standortbestimmung, Potenziale, Handlungsfelder" des Bundesministerium für, Familie, Senioren, Frauen und Jugend von 2007, kurz BMFSFJ, muss es Frauen und Männern möglich sein, Familie und Beruf zu vereinbaren, um einerseits wirtschaftliche Sicherheit erlangen und andererseits Berufs- und Kinderwünsche realisieren zu können. Insbesondere junge Frauen sollten sich nicht zwischen Beruf und Kinderwunsch entscheiden müssen. Hierbei stellt sich die Frage, ob dies realisierbar ist bzw. welche Faktoren dagegen wirken und welche Maßnahmen interventionistisch sind.
Indikatoren zur Vereinbarkeit von Familie und Beruf bestehen laut dem BMFSFJ einerseits in der geschlechtlichen Chancengleichheit am Arbeits- und Ausbildungsmarkt, daher im Verhältnis der Erwerbsquoten sozialversicherter Frauen und Männer, und andererseits in ausreichenden staatlichen Betreuungsangeboten und Kindertagesstätten für den Nachwuchs, da junge Mütter schneller in ihren Beruf zurückkehren können, desto besser Familie und Beruf vereinbar sind. Daher besteht ein Kausalzusammenhang zwischen der Berufstätigkeit von Frauen mit Kindern und den staatlichen Betreuungsmöglichkeiten (vgl. BMFSFJ 2007: 9 f.).
Die Faktoren, die für die Einkommensungleichheit, bzw. für die ungleiche Honorierung von männlicher und weiblicher Arbeit in Deutschland verantwortlich sind, werden vom BMFSFJ 2009 in „Entgeltungleichheit zwischen Frauen und Männern in Deutschland" eingehender beleuchtet: „Das begrenzte Auswahlspektrum der Frauen, ihre Hindernisse auf dem Karriereweg, tradierte Rollenverständnisse in einigen gesellschaftlichen

Milieus und Schichten, die tatsächlichen und mentalen Schwierigkeiten, Familie und Beruf unter einen Hut zu bringen und die damit einhergehenden Hürden beim beruflichen Wiedereinstieg nach einer familienbedingten Erwerbsunterbrechung tragen zur Lohnlücke ebenso bei wie die Bewertung typischer Frauenberufe" (BMFSFJ 2009: 5). Das bedeutet also kurzgefasst, dass es folgende drei Faktoren gibt, welche für die Entgeltungleichheit verantwortlich sind:

- begrenzter Zugang zu männerdominierten Berufen,
- veraltete wandelbare Rollenverständnisse, Sexismus sowie Chauvinismus und
- Hürden beim beruflichen Wiedereinstieg, die zu Problemen der Vereinbarkeit von Beruf und Familie führen, zum Beispiel aufgrund fehlender oder unzureichender Kinderbetreuungsmöglichkeiten.

Hinzu kommt die „geschlechtshierarchische Verantwortungsteilung in Partnerschaften", daher die patriarchalische Rollenzuweisung (BMFSFJ 2009: 6). Hierbei zeichnet sich ein Teufelskreis ab, da schlechtere Einkommens- und Wiedereinstiegsaussichten aufgrund von Vorurteilen gegenüber Frauen, die auf veralteten Rollenverständnissen beruhen, wiederum dazu führen, dass ihre Erwerbsneigung sinkt. Dieser Zustand ist ein Risikofaktor für den Modernisierungsprozess der Gesellschaft hinsichtlich ihrer Armutsprävention. Diese Faktoren führen zu horizontaler und vertikaler Arbeitsmarktsegregation und dazu, dass Lohnverhandlungen in frauentypischen Berufen schlechter bewertet werden als in männertypischen und dass Frauen ihre Erwerbstätigkeit im Vergleich zu Männern häufiger unterbrechen oder mindestens reduzieren. Dies wiederum führt zu ungleichen Einkommen zwischen den Geschlechtern (vgl. BMFSFJ 2009: 11).

Der Gender Pay Gap (GPG) bildet den Verdienstunterschied zwischen Männern und Frauen ab. Grundlage zur Berechnung des GPG ist der einfache Vergleich der Bruttolöhne von Männern und Frauen. Dazu werden die Löhne von Männern und Frauen mit denselben individuellen Merkmalen verglichen. Diese Merkmale sind

- Bildungsniveau in gleichen Berufen und Branchen und
- Beschäftigungsform in Form von Teilzeit, Vollzeit und geringfügiger Beschäftigung,
- Erwerbsunterbrechungen und
- Stundenlöhne der befragten Person.

Hierbei betont das BMFSFJ, dass die Art und Weise der Berechnung der Entgeltungleichheit unterschiedlich sein kann, da diese von Fragestellung und Datenquelle abhängt. Ferner hat das BMFSFJ selbst Bruttostundenlöhne betrachtet, da das Erkenntnisinteresse eine gerechte Entlohnung sein soll. Laut dem BMFSFJ, deren Angaben sich auf die Daten des Statistischen Bundesamtes und Eurostat stützen, verdienen Frauen europaweit durchschnittlich 17,4 Prozent und deutschlandweit 23 Prozent weniger als Männer (vgl. ebd.: 7; 10).

Eine besonders wichtige Determinante für den Verdienstabstand ist der Bildungsstand von Frauen. Noch immer wird angenommen, dass Frauen mit Kinderwunsch zu Beginn ihrer Erwerbsphase keine Bildungsanstrengungen unternehmen müssen, da sie aus familiären und kinderbedingten Gründen sowieso Erwerbsunterbrechungen einplanen. Daher besteht die weibliche Erwerbstätigkeit nicht darin, Berufswünsche- und Ziele zu realisieren, sondern fungiert lediglich als zusätzliches Einkommen zur Unterstützung der Haushaltskasse. Noch im Jahr 2006 war diese Annahme Realität: lediglich 26 Prozent der Frauen verfügten über einen tertiären Bildungsabschluss, hingegen 34 Prozent der Männer. Bei den jüngeren Generationen hingegen entwickelt sich die Tendenz ins Gegenteil: Mädchen stellten im Schuljahr 2005/ 2006 an Gymnasien einen Anteil von 54 Prozent, hingegen werden an den Hauptschulen zu 56 Prozent Jungen gelehrt. Somit erscheint die Verringerung der Entgeltungleichheit, sobald junge Frauen vertikale und horizontale Segregation des Arbeitsmarktes in erster Linie durch Bildung überwinden, als nicht abwegig (vgl.ebd.: 11 f.).

Obwohl Männer von Frauen bezüglich des Bildungsniveaus überholt werden, verdienen hochqualifizierte Frauen weniger als Männer: 2001 verdienten Frauen mit Hochschulabschluss durchschnittlich nur 88 Prozent des Einkommens der Männer mit derselben Qualifikation. Dabei handelt es sich insbesondere um eine horizontale Segregation aufgrund der fachlichen Schwerpunkte im Studium, da Männer in ihrer Wahl zu naturwissenschaftlichen und technischen, während Frauen tendenziell zu sprach- und kulturwissenschaftlichen Fächern neigen. Die Nachfrage nach ersterem ist auf dem Arbeitsmarkt häufiger und wird besser entlohnt. Dies zeigt sich in der Gesamtstatistik: mehr als 70 Prozent der Männer führen eine hochbezahlte Tätigkeit aus, hingegen lediglich 30 Prozent der Frauen, wie in Abbildung 2 zu sehen. Zudem sind gerademal 9,4 Prozent der Topverdiener in Deutschland Frauen (vgl. ebd.: 13). Doch wie wir aus dem obigen Kapitel wissen, sind laut struktur- und akteurstheoretischem Erklärungsansatz die Entscheidungen weitgehend von Erziehung, gesellschaftlichen Normen und Werten sowie Barrieren und Hindernissen determiniert.

Die Wissenschaft geht von der These aus, dass Frauen statistisch diskriminiert werden, da angenommen wird, dass sie mit einer, im Vergleich zu ihren männlichen Kollegen, geringen Wahrscheinlichkeit langfristig im Unternehmen tätig sein werden, obwohl in der Fluktuationsrate der Unternehmen kein statistischer Unterschied zwischen den Geschlechtern festgestellt werden konnte. Das erklärt, warum der Frauenanteil in Führungs- und Entscheidungspositionen sehr klein ist. Zusätzlich nimmt der Anteil der Frauen ab, je größer das Unternehmen und je höher die Hierarchieebene innerhalb des Unternehmens ist. Der Frauenanteil in Deutschlands Managerpositionen beträgt durchschnittlich 29 Prozent, davon haben gerade mal 42,8 Prozent Kinder- die mieseste Quote im europaweiten Vergleich. Daher ist durchaus ein Kausalzusammenhang zwischen Frauenberufstätigkeit und familiären Pflichten möglich. Abbildung 2 zeigt den geschlechtsspezifischen Vergleich von Top- und Niedrigverdienern. Topverdiener werden von Männern sehr stark überrepräsentiert, hingegen stellen Frauen insgesamt weniger als ein Drittel der Arbeitnehmer, aber mehr als die Hälfte der Niedrigverdiener (vgl. ebd.: 15 f.).

Abbildung 2: Die meisten Topverdiener sind Männer

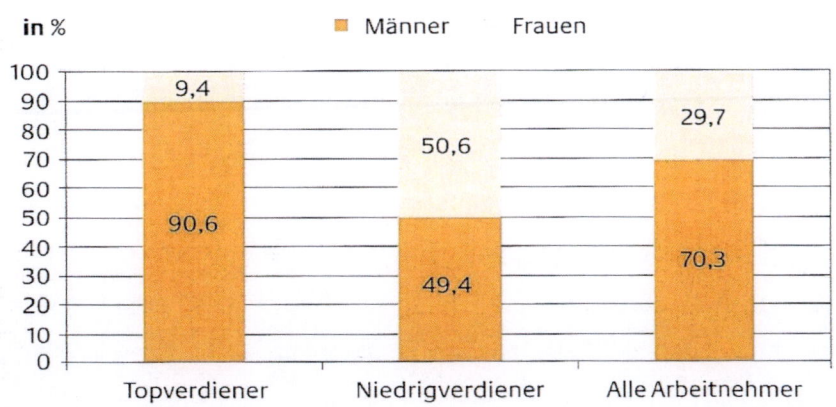

Quelle: Destatis (2008)

Familienbedingte Unterbrechungen spielen bei der Analyse der Entgeltungleichheit eine tragende Rolle, da 2006 50,6 Prozent der Frauen ihre Erwerbstätigkeit für ein bis drei Jahre und 29,4 Prozent für maximal ein Jahr unterbrochen haben. Hingegen haben nur 3 Prozent der Männer ihre Berufstätigkeit aufgrund der Geburt ihres Kindes unterbrochen. Die Auswirkungen sind erschütternd, da die Folgen mit Humankapitaleffekten durch

Unternehmen erklärt werden: kürzlich erworbenes Wissen wird höher generiert als Fachwissen, dessen Erwerb einige Jahre zurückliegt und keine Weiterbildung genossen hat. Hierbei ist die Entwertung des Humankapitals umso höher, je länger die Erwerbsunterbrechung andauert. Daher ist das Einkommen ab dem Wiedereinstieg niedriger, je länger die Dauer der Erwerbsunterbrechung. Zudem erlangt der Großteil der Gruppe lediglich eine Teilzeitbeschäftigung (vgl. ebd.:18; 20).

Der Erwerbsunterschied zwischen erwerbstätigen Frauen mit und ohne Kind ist unübersehbar: nur 24 Prozent der Frauen mit Kind arbeiten in Vollzeitbeschäftigung, hingegen 75 Prozent der kinderlosen Frauen. Bei männlichen Beschäftigten ist es umgekehrt: 97 Prozent der Männer mit mindestens einem Kind sind vollzeitbeschäftigt und lediglich 85 Prozent der Männer ohne Kind. Darüber hinaus ist die Teilzeitquote der Frauen mit mehreren Kindern am höchsten: 78 Prozent der Frauen mit drei und mehr Kindern arbeiten in Teilzeitbeschäftigung, 76 Prozent der Frauen mit 2, 61 Prozent mit einem Kind und lediglich 28 Prozent, also ein Drittel der Frauen ohne Kinder, gehen einer Teilzeitbeschäftigung nach. Demnach kann durchaus ein Kausalzusammenhang zwischen Kinderanzahl und Frauenbeschäftigungsumfang unterstellt werden. Denn wie BMAS 2008 zeigt, wechseln Frauen tendenziell in Teilzeitbeschäftigung sobald sie sich für Kinder entscheiden. Der Beschäftigungsumfang wiederum ist Bestimmungsfaktor für den geschlechtsspezifischen Lohnunterschied (vgl. BMAS 2008: 96).

Zudem verringert sich insbesondere ihre Einkommensperspektive, nimmt die Frau nach einer Unterbrechung eine Teilzeit- oder geringfügige Beschäftigung an:

„Der unterschiedliche Beschäftigungsumfang von Frauen und Männern ist ein mittelbarer und unmittelbarer Bestimmungsfaktor für die geschlechtsspezifischen Lohnunterschiede" (BMFSFJ 2009: 24). Es entsteht also ein erneuter Teufelskreis: entscheidet sich die Frau für Kinder, tendiert sie nach einer Erwerbsunterbrechung zur Teilzeitbeschäftigung. Neben den Verdienstunterschieden, die von Erwerbsunterbrechungen und Erwerbsumfang beeinflusst werden, existieren Unterschiede in den jeweiligen Wirtschaftsbereichen, die nicht eindeutig erklärt werden können. Beispielsweise erhält eine Versicherungskauffrau durchschnittlich 68 Prozent und eine Bankkauffrau 75 Prozent des Einkommens ihrer männlichen Kollegen bei ähnlichen individuellen Merkmalen. Daher besteht ein eindeutiger Korrelation zwischen Einkommen und Geschlecht (vgl. ebd.: 25).

Zudem besteht ein statistischer Zusammenhang zwischen Geschlecht und der Anzahl der Gehaltserhöhungen. 2004 bis 2009 erhielten etwa zwei Drittel der erwerbstätigen

Frauen eine Gehaltserhöhung, hingegen achtzig Prozent der Männer. Bei steigender Anzahl der Gehaltsverbesserung ist die Bilanz der Kollegen vergleichbar besser.

Des weiteren sind die Gewinne der Männer größer. Knapp 35 Prozent der Männer erhalten insgesamt öfter als zweimal Gehaltserhöhungen. Dies können nur 25 Prozent ihrer Kolleginnen von sich behaupten. Darüber hinaus gehen 10 Prozent mehr Frauen im Vergleich zu ihren männlichen Kollegen leer aus, wie Abbildung 3 zeigt (vgl. Ruppert/ Voigt 2009).

Abbildung 3: Anzahl der Gehaltserhöhungen in fünf Jahren

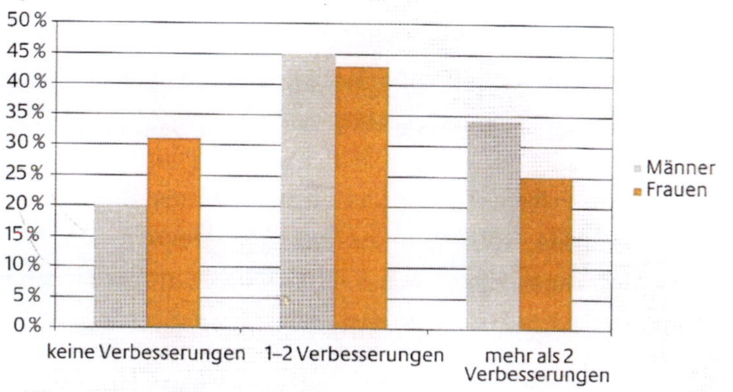

Quelle: Ruppert/Voigt (2009)

Das Bild der Ehefrau, die neben der Familienversorgung zum Lebensunterhalt lediglich dazu verdient, unterstützt sich auf Grundlage der Diskrepanzen auf dem Arbeitsmarkt selbst. Aus den oben genannten Fakten kristallisiert sich eine statistische Diskriminierung heraus, die in einen Teufelskreis mündet. Unternehmen tendieren in ihrer Erwartungshaltung gegenüber ihren beschäftigten Frauen zu einer geringeren Erwerbsbeteiligung und zu geringem beruflichem Engagement im Vergleich zu ihren männlichen Angestellten. Aus diesem Grund stellen sie weniger Frauen ein und ermöglichen ihnen geringere Ausbildungs- und Weiterbildungsmöglichkeiten. Das bedeutet wiederum für die betreffende Gruppe, dass sie schwerer einen Arbeitsplatz und Weiterbildungsmöglichkeiten finden. Daraus resultieren geringere Karrierechancen und Entgeltungleichheiten. Letztendlich ziehen sich ein großer Teil der Frauen aus dem Arbeitsmarkt zurück und in das System der traditionellen Rollenverteilung. Die Erwartungen der Unternehmen erfüllen sich damit selbst und Frauen passen ihr eigenes Verhalten an die Erwartungen an, da sie ihre Erfolgschancen auf dem Arbeitsmarkt als marginal einschätzen und nehmen die geschlechtsspezifischen Einkommensunterschiede als gegeben hin (vgl. IW 2008).

1.2 Geschlechtsspezifische Arbeitsmarktsegregation in Schweden

Betrachtet man die Fertilitätsraten der Länder Schweden und Deutschland zwischen 1980 und 2004, die 2005 vom Österreichischen Institut für Familienforschung veröffentlicht wurden, zeigen sich sehr unterschiedliche Entwicklungen.
2004 gebar die Frau in Schweden durchschnittlich 1,75 und in Deutschland 1,37 Kinder. 1980 hingegen lag die Quote in Schweden bei 1,65 und in Deutschland bei 1,56.
In einem Zeitraum von 24 Jahren sank also die Anzahl der Kindergeburten um 1,9 in Deutschland und stieg in Schweden um 1 Kind pro Frau (vgl. IFP 2005).
In Skandinavien der 80er Jahre waren die wirtschaftlichen Bedingungen und Sozialausgaben vergleichsweise höher und die Stundenlöhne für Männer und Frauen weniger verschieden, jedoch befanden sich auch in Schweden die Jobs für Frauen tendenziell am Ende der Lohn- und Statusskala und die zunehmende Frauenerwerbsquote lief weitgehend auf Teilzeitbeschäftigung hinaus, was daran lag, dass die Kinderbetreuung zwar besser war, durchschnittlich wurden aber nur ein Drittel des Bedarfs bei Vorschulkindern – und zudem meist nur halbtags- gedeckt. Eine Situation, die aber den Frauen in anderen Teilen Europas sehr vertraut war. (vgl. Phillips 1995: 137 f.). Bis in die 60er Jahre bestanden zwischen der Geschlechterordnung in Deutschland und Schweden keine nennenswerten Unterschiede. Die patriarchalische Organisation war dort ebenfalls weit verbreitet. 1972 führten die Liberalen und Kommunistischen Parteien Schwedens das Prinzip ein, dass auf allen Ebenen 40 Prozent der Parteidelegierten Frauen sein sollten und 1980 wurde der Antrag einer Gesetzesvorlage der Parteien Schwedens und Norwegens abgelehnt, die vorschrieb, dass mindestens 40 Prozent der Wahllisten aller politischen Parteien von

Frauen gestellt werden. Danach führten einige Parteien das Prinzip bindend ein. Skandinavische Feministinnen führten die politischen Veränderungen darauf zurück, dass die Sozialdemokraten in den Sozialleistungen und der Sozialpolitik mehr Verantwortung übernahmen. Den gestiegenen Frauenanteil in Gremien, Räten und Komitees von 1972 bis 1985 zeigt folgende Tabelle: Norwegen stellt mit 30 Prozent 1985 den größten Frauenanteil und die größte Wachstumsrate dar, dicht gefolgt von Schweden, dessen Frauenanteil binnen dreizehn Jahren um 10 Prozent zunahm.

Tabelle 2: Frauenanteil in öffentlichen Gremien, Räten, und Komitees in den skandinavischen Ländern (in Prozent)

	Dänemark	Finnland	Island	Norwegen	Schweden
1972	8	11	3	10	7
1979	8	7	6	20	16
1985	15	13	n. a.	30	17

Quelle: Hernes 1987:98

Anfang der 80er Jahre veränderte sich die geschlechtliche Zusammensetzung im Parlament ganz eindeutig zugunsten der Frauen: 1984 nahmen in Island 15 Prozent der Parlamentssitze, in Norwegen und Dänemark 26 Prozent und in Schweden 28 Prozent Frauen ein. Die wachsenden Frauensektionen der sozialdemokratischen Parteien in Schweden, Norwegen und Finnland nahmen die politische Parteienlandschaft als Nährboden für Veränderungen wahr und über gesellschaftliche Geschlechterrollen wurde öffentlich debattiert (vgl. Lovenduski 1986: 152; vgl. Phillips 1995: 137- 145).

Autoren wie Holter vertreten jedoch die These, dass die Frauen erst in die Parlaments- und Parteienpolitik zugelassen wurden, nachdem die Männer das Interesse verloren. Als zentrale Wirtschaftsfragen zunehmend außerhalb des Parlaments diskutiert wurden, wendeten sich Parteipolitiker Frauenfragen- und Gleichstellungsfragen zu, da man sich in diesem Bereich etablieren konnte. Diese Themen fanden Zugang zu korporativen Strukturen und so wurden 1972 nationale Gleichstellungskommissionen in Schweden, Norwegen und Finnland eingerichtet (vgl. Holter 1984). Trotz aller Kritik und Gegenthesen sind die Erfolge Schweden im europaweiten Vergleich kaum zu übersehen. Doch worin bestehen die Gründe für die positive Entwicklung Schwedens, die sich so gravierend von der Entwicklung Deutschlands unterscheidet?

Als Folge des leichteren Zugangs in Parteienpolitik und die resultierende starke Interessenvertretung der Frau führte zu einem hohen Niveau der Frauenrepräsentation, für die Phillips drei Faktoren sieht:

erstens ermöglicht das proportionale Repräsentationssystem vergleichsweise größere politische Freiheit. Zweitens bestand eine große Partizipationsbereitschaft auf Seiten der Frauenorganisationen und Feministinnen demokratischer Parteien und drittens, ein sehr wichtiger Aspekt, führte die Definition von privater und öffentlicher Sphäre zu erhöhter Partizipation, da Fragen, die frauenspezifische Situationen betrafen, zum Anliegen der Öffentlichkeit gemacht wurden. Dies verursachte den Trend der zunehmenden Frauenerwerbsarbeit, Hochschulbildung und dem wachsenden Frauenanteil in akademischen Berufen (vgl. Phillips 1995: 145 f.).

Man könnte also die Frage aufwerfen, ob ein Zusammenhang zwischen der zunehmenden Frauenpartizipation und -erwerbsbeteiligung und der zunehmenden Fertilitätsrate in Schweden besteht. In Deutschland wäre demnach der Trend ins Gegenteil verlaufen: die steigende Arbeitsmarktsegregation aufgrund des Geschlechts führt dazu, dass sich die Frau in Deutschland gegen die Kindergeburt entscheidet.

Wie Abbildung 4 im europäischen Vergleich zeigt, lag 2002 der Unterschied der Erwerbstätigenquote nach Geschlecht in Deutschland bei 13 und in Schweden bei nur 3 Prozent. Hierbei ist deutlich erkennbar, dass die Teilzeitquote bei deutschen Frauen höher ist als bei den schwedischen, wo die Teilzeiterwerbsquote zwischen Männern und Frauen geringer ist als im EU- Durchschnitt (vgl. IFP 2005).

Abbildung 4: Erwerbspartizipation und Teilzeitquote von Frauen und Männern im Vergleich 2002 (in Prozent)

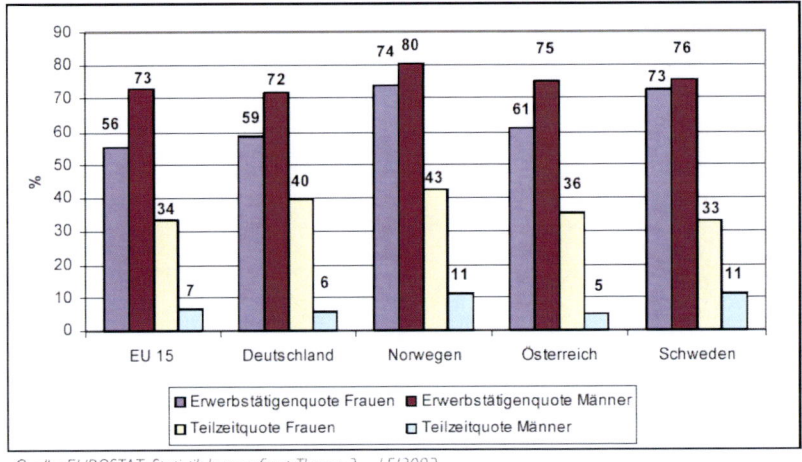

Quelle: EUROSTAT, Statistik kurz gefasst Thema 3 – 15/2003

Das heißt also, wenn der Beschäftigungsumfang ein Bestimmungsfaktor für Lohnungleichheit ist, muss es Frauen möglich sein, einer Vollzeitbeschäftigung nachzugehen – dies ist aber nur möglich, wenn Familie und Beruf unter einen Hut gebracht werden können.

Dieser Tatbestand unterstützt die im letzten Kapitel formulierte These, dass die tendenzielle Aufnahme einer Teilzeitbeschäftigung nach einer familienbedingten Erwerbsunterbrechung dazu führt, dass der Entgeltunterschied größer ist: die Frauenerwerbstätigenquote insgesamt ist höher als in Schweden, die Fertilitätsrate niedriger und der Entgeltunterschied umso höher, da Familie und Beruf schlechter vereinbar sind. Doch was bedeutet der geschlechtsspezifische Entgeltunterschied konkret?

1.3 Zusammenhang von Einkommen und Armut

Fassen wir folgendes zusammen: Frauen nehmen in Deutschland nach einer familienbedingten Erwerbsunterbrechung tendenziell eher eine Teilzeitbeschäftigung auf, da Familie und Beruf vergleichsweise schlecht vereinbart werden können. Dies wiederum führt dazu, dass sie von Unternehmen statistisch diskriminiert werden, da sich ihre Erwartung von selbst erfüllt. Diese wiederum führt dazu, dass Frauen geringere Karriere- und Weiterbildungschancen erhalten.

Aufgrund der Analysen der vorhergehenden Kapitel wird nun die Frage gestellt, ob Frauen tendenziell eher in Armutslagen gelangen können, da sie geringere finanzielle Möglichkeiten besitzen um ihren Lebensunterhalt zu bestreiten. Würde sich dies als bewahrheitet herausstellen, würde die Problematik der Entgeltungleichheit größere Ausmaße annehmen, da es sich nicht nur um Einschränkungen der Berufschancen- und Ziele, sondern darüber hinaus um soziale Problematiken aufgrund des höheren Armutsrisikos für Frauen handelt.

Laut dem dritten Armuts- und Reichtumsbericht, vom Bundesministerium für Arbeit und Soziales 2008 veröffentlicht, sind in Deutschland diejenigen Menschen arm, „deren bedarfsgewichtetes Nettoäquivalenzeinkommen weniger als 60 % des Mittelwertes (Median) aller Einkommen beträgt. Damit ist die mittlere Einkommenssituation die Referenzgröße. Dem Risiko der Einkommensarmut unterliegt, wer ein Einkommen unterhalb eines bestimmten Mindeststandards zum Mittelwert der Gesellschaft hat. Maße relativer Einkommensarmut sagen daher etwas über die Einkommensverteilung aus" (BMAS 2008: 20). Da Frauen der Zugang zu gutbezahlten Berufen erschwert wird und allgemein durchschnittlich weniger verdienen als Männer, kann man in Deutschland kaum von einer gerechten Einkommensverteilung sprechen. Die

Diese These wird im Vorfeld unterstützt: „Einkommen und Vermögen entscheiden wesentlich über die Handlungsoptionen" (vgl. BMAS 2008: 11). Einflussfaktoren für Einkommen und Vermögen sind insbesondere Bildungsstand und Berufsausbildung, diese wirken daher auf Einkommen und Vermögen. Wie in den letzten Kapiteln festgestellt wurde, haben Frauen einen tendenziell niedrigeren Bildungsstand bzw. Bildungsabschluss als Männer und entsprechend eine niedriger entlohnte Berufsausbildung und folglich einen schlechter bezahlten Job, wie beispielsweise in Abbildung 1 ersichtlich (vgl. BMFSFJ 2009: 14).

Weiterhin ist dieser Tatbestand klar erkennbar: waren in Deutschland 2005 24,8 Prozent der Männer als Arbeitnehmer im Niedriglohnsektor angestellt, war der Anteil der Frauen mit 47,7 Prozent fast doppelt so hoch. Folglich kann man annehmen, wenn Frauen tendenziell weniger verdienen als Männer, sind sie stärker von Armut und deren Folgen betroffen, da Armut bzw. Reichtum in direktem Zusammenhang mit dem vorhandenen Einkommen besteht: „Erst das dauerhafte Angewiesensein auf ein Einkommen unterhalb der Armutsrisikoschwelle führt zur Abkopplung vom allgemeinen Lebensstandard und zu eingeschränkten Teilhabechancen" (BMAS 2008: 26). Jedoch sind die Ausmaße tiefergehender: „Die Höhe des Erwerbseinkommens bestimmt maßgeblich die wirtschaftliche und materielle Situation von Familien und hat nachweislich Einfluss auf andere Dimensionen wie Gesundheit, Bildung und Wohnen" (BMAS 2008: 94). Demnach haben Frauen aufgrund ihres geringen Einkommens geringere Chancen auf eine gute Lebensführung, die tendenziell eher Männer genießen. Besonders deutsche Alleinerziehende stellten Laut Eurostat 2001 mit 36 Prozent die vom größten Armutsrisiko betroffene Gruppe dar, gefolgt von kinderreichen Familien, wie in Abbildung 5 erkennbar. In Schweden sind Einpersonenhaushalte mit 21 Prozent dem höchsten Armutsrisiko ausgesetzt. Hingegen ist die von Armutsrisiko betroffene Gruppe kinderreicher Familien sehr gering (vgl. IFP 2010).

Abbildung 5: Armutsgefährdungsquote von Haushalten 2001 (in Prozent)

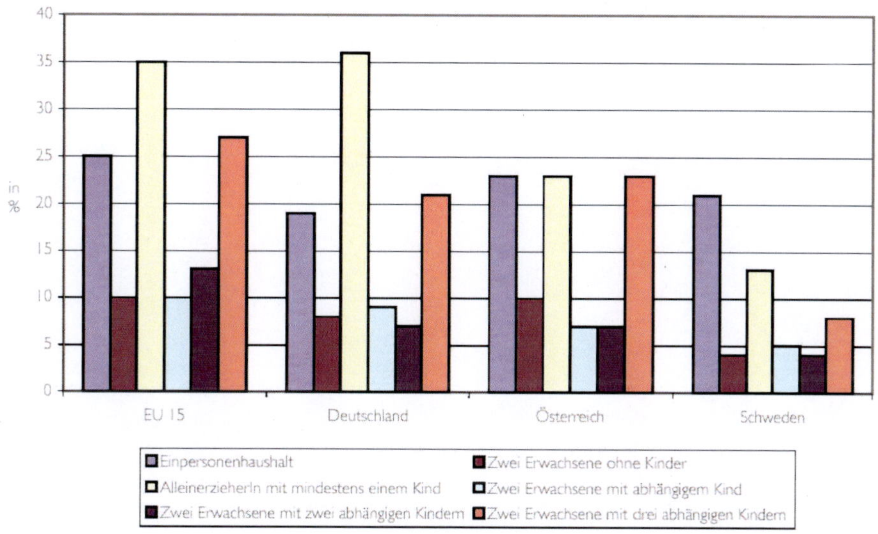

Quelle: EUROSTAT- Statistik kurzgefasst Thema 3- 16/ 2004

Bei Betrachtung von Abbildung 4 und 5, zeigt sich, dass Frauenerwerbsarbeit eine mehrfache Mutterschaft nicht ausschließt und umgekehrt. Die Daten von Eurostat zeigen einen möglichen Zusammenhang zwischen Armutsrisiko und Familienplanung: je geringer die Wahrscheinlichkeit ist, aufgrund der Kinderzahl in Armutslagen zu gelangen, desto eher entscheidet die Frau für eine mehrfache Mutterschaft- diese These sei lediglich ein Gedankengang, der einen Kausalzusammenhang zwischen Geschlecht und Armut voraussetzt. Ob ein signifikanter Zusammenhang zwischen Geschlecht und Armutslagen existiert, soll im weiteren Verlauf durchleuchtet werden.

Diese These unterstützt die Annahme, dass sich die in Deutschland lebende Frau möglicherweise aus drei Gründen gegen die Geburt mehrerer Kinder entscheidet:

1. die Frau muss eine längere Erwerbsunterbrechung einplanen,
2. ist sie in ihrer Berufstätigkeit (wie unter Punkt 1) eingeschränkt und
3. sind kinderreiche Familien in Deutschland einem höheren Armutsrisiko ausgesetzt als in Schweden, wie Abbildung 5 gezeigt hat.

Laut BMFSFJ 2007 hat die deutsche Bundesregierung, wie bereits unter 1.1.3 erwähnt, ein Anliegen daran, die im Grundgesetz verankerte Gleichstellung zwischen den Geschlechtern herzustellen und Frauen die Möglichkeit zu bieten, Familie und Beruf zu vereinbaren. Im nächsten Kapitel werden gleichstellungspolitische Maßnahmen Deutschlands, Schwedens und einiger weiterer europäischer Länder vorgestellt,, welche die oberen drei Punkte bekämpfen bzw. eliminieren sollen.

Teil 2: Gleichstellungspolitische Maßnahmen und Ihre Erfolge

Die deutsche Bundesregierung Deutschland verfolgt mehrere Strategien und Maßnahmen zur Überwindung der Entgeltungleichheit als zentrales gleichstellungspolitisches Anliegen. Erschreckend ist aber, dass das Bundeskabinett erst seit 1999 die Gleichstellung von Frauen und Männern als Leitprinzip der Regierungstätigkeit ansieht und die Strategie des Gender Mainstreaming fördert, daher bei allen gesellschaftlichen Vorhaben die Interessen beider Geschlechter zu berücksichtigen- obwohl bereits in den 80er Jahren Studien zu dieser Thematik existierten. Diese hätten zu jener Zeit bereits zu Handlungen anspornen müssen. Weshalb dies nicht der Fall war, bleibt fraglich (vgl. BMFSFJ 2003).

Zur Förderung der Gleichstellung ist die Zusammenarbeit der Entscheidungsträger aus Politik, Tarifpartner, Arbeitgeber, Arbeitnehmer und Verbände notwendig. Konkrete Ziele sind dabei die finanzielle und soziale Absicherung der Frau, Absicherung des Fachkräftebedarfs der Unternehmer und Abschaffung veralteter Rollenbilder und geschlechtsspezifischer Arbeitsmarktsegregation sowie die langfristige Verringerung der Entgeltungleichheit zwischen den Geschlechtern.

Zu den Maßnahmen gehören einerseits die Verkürzung familienbedingter Erwerbsunterbrechungen und andererseits die Veränderung der weiblichen Erwerbsstruktur. Hierfür sind der Ausbau der Kinderbetreuungsmöglichkeiten, besonders für Kinder unter drei Jahren, und die steuerliche Absetzbarkeit der Betreuungskosten sowie der Ausbau des Elterngeldes notwendig, um es Männern und Frauen beiderseits zu ermöglichen, Beruf und Familie zu vereinbaren und die partnerschaftliche Betreuungsaufgabe des Nachwuchses gerecht aufzuteilen, sodass ein kontinuierlicher Erwerbsverlauf der Frau und existenzsichernde Verhältnisse gewährleistet werden können. Ein europaweiter Ländervergleich zeigt, dass der Entgeltunterschied kleiner ist, desto höher die Frauenerwerbstätigkeit und daher Familie und Beruf besser vereinbart werden können. Hierbei geht Schweden mit gutem Beispiel voran: der geschlechtsspezifische Einkommensunterschied ist kleiner und die Erwerbsbeteiligungsquote wesentlich höher als in Deutschland.

Das deutsche Steuersystem und familienbezogene Sozialausgaben fördern das männliche Ernährermodell und den Rückzug der Frau aus dem Erwerbsleben. Das führt dazu, dass 2004 in den Familien der Vater zu 90 Prozent als Haupternährer fungierte. Hingegen sind die Steuersysteme anderer Länder individualisiert: in Griechenland,

Finnland und Schweden macht es steuerlich keinen Unterschied, ob einer der Partner oder einer der beiden allein das Familieneinkommen bestreiten (vgl. Kröhnert/ Klingholz 2005). Das am 1.1. 2007 in Deutschland eingeführte Elterngeld- Konzept, das durchschnittlich 68 Prozent des Einkommens ersetzt, bietet ein Beispiel hierfür. Die Elternzeit beträgt 12 Monate und verlängert sich um weitere zwei, wenn beide Elternteile diese Zeit in Anspruch nehmen. Damit soll erreicht werden, dass Frauen und Männer in selben Ausmaßen ihre Erwerbstätigkeit aus familiären Gründen unterbrechen, und nicht mehr zum größten Teil oder sogar ausschließlich die Frau (vgl. BMFSFJ 2009: 40- 42).

Trotz guter Absichten des Familienministeriums sind die Erfolge sehr gering. Die 2007 gestellten Anträge auf Elterngeld stammen lediglich zu 13 Prozent von Vätern. Zugegebenermaßen waren es davor gerade mal 3,5 Prozent. Von den 13 Prozent der männlichen Antragssteller nehmen aber ein Drittel lediglich die zwei Partnermonate und nur 10 Prozent das gesamte Jahr in Anspruch. Im Vergleich: 89 Prozent der Mütter bleiben das gesamte Jahr daheim (vgl. Spiegel online 2008).

Darüber hinaus bemüht sich die Bundesregierung darum, das Berufswahlspektrum junger Frauen zu erweitern, da die Berufswahl von tradierten Rollenbildern geprägt ist. Projekte hierfür, die in Kooperation mit anderen Entscheidungsträgern stattfinden, sind

- Girl`s Day und
- Komm, mach MINT

Girl`s Day und *Komm, mach MINT* sind jährlich stattfindende Informationstage der Bundesregierung (vgl. BMFSFJ 2009: 43 f.).

Darüber hinaus plant das BMFSFJ, das Instrument *Logib* (*Logib* steht für ‚Lohngleichheit im Betrieb') in Deutschland einzuführen, das seit 2006 in der Schweiz Anwendung findet. Mithilfe dieses Instruments können Unternehmen im Selbsttest untersuchen, ob und inwieweit sie Einkommensgleichheit gewährleisten. Dabei handelt es sich um eine statistische Regressionsanalyse auf Grundlage der Arbeitsplatz-, Lohn- und Qualifikationsdaten der MitarbeiterInnen. Dadurch sollen Unternehmen zur Durchsetzung der Entgeltgleichheit ambitioniert werden. Die Teilnahme der Unternehmen ist freiwillig, daher ist *Logib* ein Appell der damaligen deutschen Familienministerin Van der Leyen an die Unternehmen, der zu breiter Kritik geführt hat. Beispielsweise Elke Ferner, Vorsitzende der Arbeitsgruppe Sozialdemokratischer Frauen in der SPD hielt die Politik Van der Leyens im Spiegel- Interview schlichtweg für eine Akzeptanz der Ungleichbehandlung und die stellvertretende Grünen- Fraktionsvorsitzende im Bundestag Krista Sager ist der Meinung, dass ein

Computerprogramm kein Ersatz für politische Steuerung sein kann (vgl. BMFSFJ 2009: 39; 45; vgl. Spiegel online 2009). Andere europäische Staaten setzen hingegen auf Sanktionen statt Appelle. In Frankreich beispielsweise herrscht ein Gesetz zur Entgeltgleichheit. Bei Nichteinhaltung der Verpflichtungen können Sanktionen für die Unternehmen folgen. Die Europäische Kommission hat eine sogenannte *Roadmap* zur Förderung der Geschlechtergleichstellung in den Jahren 2006 bis 2010 festgelegt, in dieser alle Aktionspartner zur Handlung aufgefordert werden. Zudem wurde eine Arbeitsgruppe auf europäischer Ebene gebildet (vgl. BMFSFJ: 38 f.).

Schweden ist eines der Länder, in dem das Prinzip der Gleichstellung seitens der politischen Führung umgesetzt wird, sodass eine demokratische Gesellschaft auf einem ausgeglichenen Machtverhältnis zwischen den Geschlechtern beruht. In Schweden wurde 1980 das erste Gesetz über die Gleichstellung von Frauen und Männer verabschiedet- zum Vergleich: fast 20 Jahre vor der deutschen Bundesregierung!

Zur Durchsetzung des Gesetzes wurde eine Ombudsstelle gegründet, das sich 2009 als ‚Ombudsstelle für Diskriminierungsfragen' etablierte. Das Gesetz sah vor, dass Arbeitgeber/ Innen regelmäßig einen Bericht über die Entlohnung ihrer Angestellten vorlegen müssen. Das schwedische Modell sieht im Detail vor, dass Unternehmen ab 25 Mitarbeiter/ Innen eine geschlechtsspezifische Aufstellung der Gehaltsstruktur und Verteilung vorlegen müssen. Dabei sind die Durchschnittseinkommen und Gehaltshöhen aufzuführen. Frauentypische Tätigkeiten wie zum Beispiel Sekretärin oder Reinigungskraft müssen gekennzeichnet werden sowie Kriterien wie Anforderungen, Bildungsvoraussetzung oder Verantwortung, um einen Gehaltsvergleich durchführen zu können. Ziel dessen ist es, einen Aktionsplan zu erstellen, der geschlechtsspezifische Einkommensunterschiede verringert. Bei Nichteinhaltung des Gesetzes können Strafen bis zu 200.000 Kronen (ca. 20.000 Euro) verhängt werden. Bisher gab es nur wenige Fälle, in denen Strafen verhängt wurden (vgl. Bundeskanzleramt Österreich 2009; vgl. Schwedisches Institut 2009).

Die schwedische Regierung bietet weitere Maßnahmen zur Förderung der Geschlechtergleichstellung. Eltern erhalten nach einer Geburt oder Adoption 480 Tage lang Elterngeld, wobei 60 Tage nicht auf den anderen Elternteil übertragbar sind. Das Gesetz über die Festlegung des Elterurlaubs wurde bereits 2002 beschlossen und 80 Prozent der schwedischen Väter beanspruchten 2008 etwa 20 Prozent der Elternurlaubstage. Im Vergleich: wie oben bereits erwähnt, wurde das deutsche Elterngeldgesetz erst sieben Jahre später beschlossen und von den 13 Prozent der

Männer, die 2007 in Deutschland im selben Jahr Anträge auf Elternurlaub stellten, nahmen lediglich ein Drittel die beiden Partnermonate in Anspruch. Zudem werden in Schweden 80 Prozent des bisherigen gemeinsamen Nettoeinkommens gezahlt, in Deutschland lediglich 68 Prozent. Das führt dazu, dass das Elternpaar ein geringeres verfügbares Einkommen während der Elternzeit hinnehmen muss (vgl. Schwedisches Institut 2009; vgl. Dettling 2008).

Im Global Gender Gap Report 2008 weist Schweden gleichstellungspolitisch die größten Erfolge nach, die sowohl im Bildungssystem als auch im Arbeitsleben erkennbar sind. In den Schulen sollen alle Individuen geschlechtsunabhängig gleiche Bildungschancen haben – mit Erfolg: nach Angaben des Schwedischen Instituts verlassen wesentlich mehr Mädchen als Jungen die weiterführende Schule mit einem Abschluss. Fast zwei Drittel der Bachlelor- Absolventen und etwa die Hälfte derjenigen, die ein Master- Studium aufnehmen, sind weiblich. Zudem stellen Frauen circa 48 Prozent aller schwedischen Promovierten (vgl. Hausmann/ Tyson/ Zahidi 2008; vgl. Schwedisches Institut 2009). Beachtlich sind ebenfalls die schwedischen Zahlen auf dem Arbeitsmarkt: das Entgelt der Frau beträgt dort durchschnittlich 94 Prozent, der Anteil der Frauen in Führungspositionen steigt kontinuierlich. 2007 waren 26 Prozent der Führungspositionen privater Aktiengesellschaften von Frauen besetzt, 17 Prozent mehr als noch 1980 und der Frauenanteil börsennotierter Unternehmen stieg von 2002 bis 2006 um 6 Prozentpunkte auf 18 Prozent. In öffentlichen Ämtern ist der Frauenanteil deutlich höher: Frauen besetzen 52 Prozent der Führungspositionen in Gemeinden und 47 Prozent der Reichstagsabgeordneten sind weiblich. Der Frauenanteil unter schwedischen Politikern in Gemeinden und Provinzialregierungen beträgt 41 Prozent (vgl. Bundeskanzleramt Österreich 2009; vgl. Schwedisches Institut 2009).

Gesamt betrachtet bestehen die Leitziele von Bund und EU in verbesserten Betreuungsmöglichkeiten und in der Erweiterung der Väterkomponente. Trotzdem sind deutsche Frauen in führenden Positionen deutlich unterrepräsentiert. Hingegen stellen Frauen in Schweden fast die Hälfte der öffentlichen Ämter und der geschlechtsspezifische Entgeltunterschied ist 17 Prozent geringer als in Deutschland (vgl. BMFSFJ 2009: 51).

Das Problem, dass vor allem in Deutschland junge Frauen in ihrer Berufswahl noch immer von tradierten Rollenbildern beeinflusst werden, ist weitreichender als auf den ersten Blick ersichtlich. Werden die politischen Belange der Frau unzureichend repräsentiert, kann wiederum die Abschaffung tradierter Rollenerwartungen sowie die Problematik der Entgeltungleichheit nicht in Angriff genommen werden.

Frauen sind in der Politik in doppelter Weise benachteiligt, weil sie einerseits zahlenmäßig unterrepräsentiert sind und andererseits nicht als zugehörig anerkannt werden (vgl. Holland- Cunz 2003: 184). Denn obwohl im deutschen Bundestag seit mehreren Legislaturperioden etwa 33 Prozent der Sitze von Frauen eingenommen werden, sind Frauen auf kommunalen Ebene stark unterrepräsentiert, da hier lediglich jeder vierte Sitz von einer Frau eingenommen wird (vgl. Piepenbrink 2009).

Ein vergleichender Blick auf Schweden zeigt, dass die quantitativ gleiche politische Repräsentation der Volkswirtschaft mindestens nicht schadet - auch wenn dies nicht sofort Aussagen über eine mögliche Korrelation macht: 2007 verlas Schweden ein höheres Wirtschaftswachstum und mit fünf Prozent fast nur halb so viel Arbeitslosigkeit als Deutschland mit 9,69 Prozent. Zudem ist darauf zu schließen, dass die unzureichende Vertretung ein weitreichendes demokratisches und soziales Problem darstellt, da die Nicht- Vertretung einer gesellschaftlichen Gruppe sowie die damit verbundene Verweigerung, ihre Bedürfnisse zu äußern, weder demokratische Mindestanforderungen erfüllt, noch soziale Gerechtigkeit, in Form von Chancen-, Leistungs,- Bedarfs- und Verteilungsgerechtigkeit gewährleistet. Laut Grasse et. al. herrscht über den Begriff ‚soziale Gerechtigkeit' weder Klarheit, noch politischer bzw. gesellschaftlicher Konsens. Soziale Staatsprinzipien werden im Grundgesetz als Leitprinzipien zwar erwähnt, aber nicht definiert und selbst Parteien vertreten hierzu in ihren Programmen unterschiedliche Ansichten. Insbesondere die soeben genannten drei Dimensionen sozialer Gerechtigkeit werden ungenügend erfüllt, da erstens die Chancen für junge Frauen und Mädchen in Deutschland geringer sind, in gut bezahlte Berufe zu gelangen, wie Kapitel eins gezeigt hat. Zweitens werden Frauen für dieselbe Arbeit geringer entlohnt und drittens missachtet die Gesellschaft die Bedarfsgerechtigkeit insofern, dass Frauen tendenziell eher in Armutsverhältnisse gelangen können als Männer, wie der dritte Armuts- und Reichtumsbericht gezeigt hat (vgl. BMAS 2008; vgl. Phillips 1994: 104 f.; vgl. Grasse et. al 2006).

Nachdem bisher Analysen der geschlechtsspezifischen Familien- und Arbeitsmarktstrukturen untersucht sowie gleichstellungspolitische Maßnahmen beider Länder dargestellt wurden, folgt im nächsten Kapitel eine Regressionsanalyse der geschlechtsspezifischen Einkommensunterschiede in Deutschland.

Teil 3: Eine empirische Untersuchung der geschlechtsspezifischen Einkommensunterschiede in Deutschland

3.1 Explikation der Hypothesen

Da das BMFSFJ festgestellt hat, dass bei der Analyse des GPG insbesondere die Komponenten Geschlecht und Familienstatus als beobachtbare Faktoren den Entgeltunterschied zwischen den Geschlechtern determinieren, können diese als statistische Einflussvariablen betrachtet werden. Dass laut Steinberg (1995), wie bereits unter 1.1.2 erwähnt, in den 90er Jahren verheiratete Frauen am wenigsten und verheiratete Männer am meisten verdienten, kann bei Untersuchung des Faktors Geschlecht als Ausgangspunkt gesetzt werden. Daher wird der Einkommensstatus des Individuums davon beeinflusst, ob es verheiratet oder alleinstehend bzw. männlich oder weiblich ist.

Um die im letzten Kapitel formulierten Hypothesen empirisch untersuchen zu können, werden diese in folglich zusammenfassend dargestellt:

1. Es besteht ein Kausalzusammenhang zwischen Geschlecht und Einkommensstatus und
2. es besteht ein Kausalzusammenhang zwischen Familienstatus und Einkommensstatus.

Demnach wirken zwei Variablen auf das Einkommen (Y):
- Geschlecht   (X1)
- Familienstatus   (X2).

Die zu operationalisierenden Hypothesen lauten folglich:

H1:   Frauen verdienen, aufgrund ihres Geschlechts, weniger als Männer.

H2:   Verheiratete Frauen verdienen weniger als verheiratete Männer.

Als H- null- Hypothesen ergeben sich:

1. H0: **Der Regressionseffekt der Variable Geschlecht auf den Einkommensstatus beträgt in der Grundgesamtheit null (daher ist H0=b1=0 und H0=r²=0). Es besteht also kein statistischer Zusammenhang zwischen Geschlecht und Einkommensstatus in der Grundgesamtheit.**
2. H0: **Der Regressionseffekt der Variable Familienstatus auf den Einkommensstatus beträgt in der Grundgesamtheit null (daher ist H0=b2=0 und H0=r²=0). Es besteht also kein statistischer Zusammenhang zwischen Familienstatus und Einkommensstatus in der Grundgesamtheit.**

In der Untersuchung soll analysiert werden, ob die Hypothesen H1 und H2 angenommen oder verworfen werden können. Im zweiten Falle würde die H0-Hypothese zutreffen. Die Annahme von H1 und H2 würde einen tatsächlichen statistischen Zusammenhang zwischen Einkommen und Geschlecht sowie zwischen Einkommensstatus und Familienstatus beweisen.

3.2 Methodisches Vorgehen

3.2.1 Datengrundlage: ALLBUS/ ISSP 2002

Die „Allgemeine Bevölkerungsumfrage der Sozialwissenschaften" (kurz: ALLBUS) führt Erhebungen hochwertiger Daten durch. Ziel der Erhebungen ist dabei, ein Bild über Einstellungen und Verhaltensweisen der Bevölkerung sowie der Sozialstruktur zu erlangen.

Als Grundlage der hier vorliegenden empirischen Untersuchung wird die Datenbank „Family and Changing Gender Roles 3" (2002), bereitgestellt von International Social Survey Programme (ISSP) für wissenschaftliche Anwendungen, hinzugezogen.

Sie umfasst Daten zum Familienleben und zur Rollenverteilung im Jahre 2001 unter anderem in deutschen Haushalten, deren Daten vom deutschen Institut für angewandte Sozialwissenschaften erhoben wurden. Insgesamt wurde die Erhebung in 28 Ländern durchgeführt. In diesem Kapitel wird eine Regressionsanalyse, mithilfe des sozialwissenschaftlichen Software- Programms SPSS 11.5, veranschaulicht.

3.2.2 Operationalisierung der Hypothesen

Für diese Untersuchung stellt sich die Frage, welche Variablen des ALLBUS/ ISSP 2002 für die Messung der Hypothesen besonders geeignet sind, beziehungsweise, welche Variablen die größten Einflussfaktoren auf den Einkommensunterschied zwischen Frauen und Männern darstellen. Unabhängige Variablen der Untersuchung sind demografische Daten wie Geschlecht und Familienstatus, die Rückschlüsse zulassen. In folgender Tabelle sind die Variablen in Bezug auf die jeweilige zu operationalisierende Hypothese aufgeführt.

Tabelle 3: Operationalisierung der Indikatoren

Hypothesen	Variablen in ISSP	Item	Skalenniveau
H1	v 200	Geschlecht	nominal
H2	v 202	Familienstatus	nominal

Quelle: ALLBUS/ ISSP (2002); eigene Zusammenstellung

In der nächsten Stichprobenbeschreibung werden die jeweiligen Verteilungen der soziodemographischen Daten, die als Faktoren für diese Untersuchung relevant sind, dokumentiert:

Tabelle 4: Verteilung von Faktoren Geschlecht und Familienstatus

Variablen	Variablenausprägung	Fallzahl	Anteil in Prozent
Geschlecht	Männer	20640	44,3
	Frauen	25955	55,7
Familienstatus	verheiratet	26847	58
	verwitwet	3781	8,2
	geschieden	2944	6,4
	getrennt lebend	1033	2,2
	single/ nie verheiratet	11652	25,2

Quelle: ALLBUS/ ISSP (2002); eigene Berechnung

Für die hier vorliegende Analyse werden lediglich die Variable Geschlecht sowie die Ausprägungen „verheiratet" und „single/ nie verheiratet" hinzugezogen.

Problematisch ist aber die Frage, in wie fern der Einfluss des Familienstatus auf den Einkommensstatus wiederum auf das Geschlecht zurückgeführt werden kann. Eine Erklärung bietet folgende Kreuztabelle für Geschlecht und Familienstatus, welche die Verteilung der Daten dokumentiert. Da verheiratete Frauen die größte Gruppe darstellen, darf ein positiver Effekt der Variablen Familienstatus auf den Einkommensstaus erwartet werden. Demnach würden, bei Beachtung der Skalierung der Zielvariablen, verheiratete weibliche Personen (Kodierung 1) durchschnittlich weniger verdienen als die anderen drei Gruppen. Hierauf wird in Tabelle 8 näher eingegangen.

Tabelle 5: Kreuztabelle Geschlecht und Familienstatus

	verheiratet	single/ nie verheiratet
weiblich	14443	5719
männlich	12389	5926

Quelle: ALLBUS/ ISSP (2002); eigene Berechnung

In Tabelle 5 werden die Ausprägungen und Verteilungen der abhängigen Variablen Einkommensstatus dargestellt. Hierbei besitzt die Ausprägung „Vollzeit Hauptverdiener" die Kodierung „1" und „Andere Gründe der Arbeitslosigkeit" „10". Die Kodierungen der Ausprägungen dazwischen sind von 2 bis 9 aufsteigend.

Tabelle 6: Verteilung der abhängigen Variablen Einkommensstatus

Variablen	Variablenausprägung	Fallzahl	Anteil in Prozent
Einkommensstatus	Vollzeit Hauptverdiener	15739	54,5
	Teilzeit Hauptverdiener	2273	7,9
	Aushilfe	350	1,2
	Dazuverdiener	165	0,6
	Arbeitslos	1042	3,6
	Student/ in Ausbildung	325	1,1
	Pensioniert	4880	16,9
	Hausfrau	3259	11,3
	Arbeitsunfähig	413	1,4
	Andere Gründe der Arbeitslosigkeit	416	1,4

Quelle: ALLBUS/ ISSP (2002); eigene Berechnung

Durch den Einsatz multivariater Verfahren werden die ALLBUS/ ISSP Daten im weiteren Verlauf ausgewertet. Dabei handelt es sich einerseits um die Berechnung der Lagemaße und andererseits um eine trivariate Regressionsanalyse. Ziel der Analysen ist es, die postulierten kausalen Zusammenhänge der Hypothesen zu überprüfen. Dies ermöglicht es, die Effekte der ausgewählten Einflussgrößen darzustellen.

3.3 Analyse

3.3.1 Analyse: Modus, Median und arithmetisches Mittel

In Tabelle 6 wird das Lagemaß Modus der beiden unabhängigen Variablen dargestellt und beschrieben. Die darauf folgende Tabelle 7 stellt selbigen Wert sowie Median, Mittelwert und die Standardabweichung der abhängigen Variablen dar.

Tabelle 7: Deskriptive Statistik der Faktoren

	X1: Geschlecht	X2: Familienstatus
N	46595	46257
Modus	2	1

Quelle: ALLBUS/ ISSP (2002); eigene Berechnung

Tabelle 8: Deskriptive Statistik der abhängigen Variable

Einkommensstatus

N	28862
Mittelwert, arithmetisches Mittel	3,37
Median	1,00
Modus	1
Standardabweichung	3,021

Quelle: ALLBUS/ ISSP (2002); eigene Berechnung

Lagemaße charakterisieren die Lage des gesamten Datensatzes bzw. seiner Häufigkeitsverteilung. Sie sind repräsentative Werte, die bestimmte Charakteristika einer Verteilung zum Ausdruck bringen.

Der Modalwert bzw. **Modus** ist ein Parameter, der unabhängig von der Skalierung erstellt werden kann. Er reflektiert die größte Häufigkeit, daher den Punkt der größten Häufigkeit im Datensatz. Für die Variable „Geschlecht" ist der Modalwert die Kategorie 2, daher kommt die Merkmalsausprägung „weiblich" im Datensatz am häufigsten vor. Bei Familienstatus ist es die Kategorie 1 „verheiratet", die am häufigsten beobachtbare (ALLBUS/ ISSP 2002; eigene Berechnung; vgl. Kühnel/ Krebs 2001; vgl. Assenmacher 2003).

Zur Berechnung des **Median** muss die Variable mindestens ordinalskaliert sein, da er die Verteilung rangmäßig geordneter Werte halbiert. Er ist diejenige Beobachtung, die den Datensatz in zwei Hälften teilt, daher die mittlere Position reflektiert. Daher ist lediglich die abhängige Variable zur Berechnung geeignet. Die Ausprägung „Vollzeit Hauptverdiener" nimmt 50 Prozent der Verteilung ein und kommt daher am häufigsten vor. Das **arithmetische Mittel** reflektiert die Zentralität der Werte. Um den Durchschnitt der Merkmalssumme sinnvoll interpretieren zu können, ist das arithmetische Mittel formal nur für metrisch skalierte Merkmale geeignet, deren Abstand mathematisch berechnet werden kann. Doch zur Vorbereitung des Regressionsmodells ist die Berechnung des arithmetischen Mittels der Variable „Einkommensstatus", trotz Ordinalskalierung, sinnvoll, um die Lage der Merkmale betrachten zu können. Denn obwohl Ordinalskalenniveau vorliegt, geht man davon aus, dass die Abstände der einzelnen Ausprägungen für die Zustimmungsskala gleich sind, da in diesem Fall eine Intervallskalierung vorläge. Daher ist die Berechnung des arithmetischen Mittels möglich. Dieses beträgt 3,37, liegt also zwischen der 3. und 4. Kategorie, zwischen „Aushilfe" und „Dazuverdiener". Da das arithmetische Mittel anfällig für Extremwerte ist, muss die Standartabweichung zur Interpretation der

Datenreihe hinzugezogen werden, da sie Informationen über die Verschiedenheit der Werte einer Verteilung gibt, bzw. darüber, wie stark bzw. schwach die Messwerte um das arithmetische Mittel streuen. Daher ist die Standartabweichung ein Maß für die Heterogenität der Daten, das sich direkt auf der Skala des Messinstruments abbilden lässt. 68 Prozent der Messwerte streuen im Bereich einer Standartabweichung zu beiden Seiten des arithmetischen Mittels. Je größer die Standartabweichung, desto heterogener streuen die Werte um den Mittelwert. Die Standartabweichung beträgt 3,021. 68 Prozent der Streuung befinden sich daher zwischen 0,349 und 6,391 auf der x- Achse. 68 Prozent der Befragten haben daher einen Einkommensstatus zwischen „Vollzeit Hauptverdiener" und „Student/ in Ausbildung" .

3.3.2 Vorbereitung des Regressionsmodells

In folgendem Regressionsmodell werden mehrere unabhängige Variablen in die Analyse einbezogen. Die Regressionsanalyse zeigt, ob eine zu erklärende Variable von mehreren unabhängigen Variablen erklärt werden kann, indem der gleichzeitige Einfluss dieser ermittelt wird. Für den Effekt jedes einzelnen Regressors wird ein Regressionskoeffizient geschätzt, unter der Voraussetzung, dass die anderen Regressoren in ihrer Einflussnahme auf die abhängige Variable konstant bleiben. Dabei ist eine Korrelation zwischen den Regressoren möglich. Dies wird bei der Schätzung des Koeffizienten berücksichtigt, um Scheinkorrelationen auszuschließen (vgl. Bühl/ Zöfel 2002: 341 f.; vgl. Urban/ Mayerl 2008 81 f.). Folgende Abbildung stellt die Kontrollfunktion bei zwei unabhängigen Variablen, die sich aus den vorangegangenen Hypothesen ergibt, im multiplen Regressionsmodell dar.

Abbildung 6: Kontrollfunktion bei zwei unabhängigen Variablen im multiplen Regressionsmodell

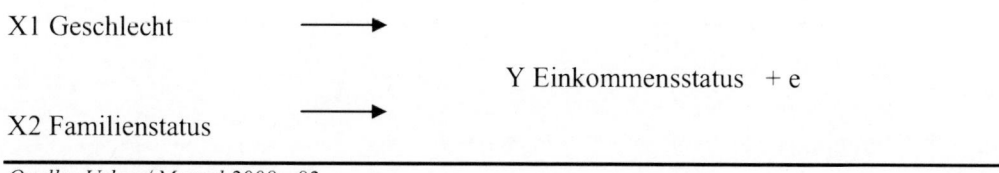

X1 Geschlecht $\longrightarrow$

            Y Einkommensstatus + e

X2 Familienstatus $\longrightarrow$

Quelle: Urban/ Mayerl 2008: 82

Dabei ist Y eine Funktion von X. Voraussetzung dafür ist, dass X1 und X2 die unabhängigen und Y die abhängige, daher die zu erklärende Variable darstellen. Weicht der beobachtete Wert Y vom geschätzten Wert ab, handelt sich dabei um

Abweichungen von der Regressionsgerade, sogenannte Residuen, die hier durch die Variable e repräsentiert werden. Die Funktion hat den Ausdruck: $Y = f(X1, X2, e)$.

Bei folgender Untersuchung handelt es sich um ein lineares Modell, da unterstellt wird, dass die Veränderung von Y, die durch Veränderung von X hervorgerufen wird, immer zur Veränderung von X proportional ist.

Im linearen Modell wird die genaue Lage einer linearen Funktion im Koordinatensystem, die Regressionsgerade, gesucht.

Wie bereits oben erwähnt, ist die Variable Einkommensstatus ordinalskaliert. Sie ist aber für eine Regressionsanalyse geeignet, da man davon ausgeht, dass die Abstände zwischen den Ausprägungen gleich sind. Geschlecht und Familienstatus hingegen sind nominalskaliert, können aber ebenfalls in die Untersuchung einbezogen werden, wenn bei der Deutung der Ergebnisse ihre Polung beachtet wird. Weil sie keine Aussagen über den Abstand der Kategorien erlauben, müssen sie in einer Reihe von Indikatorvariablen bzw. Dummy- Variablen transformiert werden. Die Variable hat durch den Indikator *Dummy* eine kategoriale Ausprägung und die Beziehung zwischen den Variablen kann auf Grundlage der Stichprobe von Wertepaaren ermittelt werden (vgl. Bühl/ Zöfel 2002: 342). Folgende Tabelle 8 zeigt die Dummy- Variablen der Ausprägungen der für die Analyse relevanten unabhängigen Variablen.

Tabelle 9: Dummy- Variablen der unabhängigen Variablen

Variable Geschlecht	Dummy Variable		Kodierung wenn „trifft zu":
	D1	D2	
männlich	**0**	1	**0**
weiblich	0	1	1

Variable Familienstatus			
	D3	D4	
verheiratet	1	0	1
single/nie verheiratet	1	**0**	**0**

Quelle: ALLBUS/ ISSP (2002); eigene Berechnung

Männlich (trifft zu) erhält die Kodierung 0, weiblich dagegen 1 (trifft zu) und verheiratet erhält ebenfalls 1. Single/ nie verheiratet die Kodierung 0.

Den Hypothesen entsprechend wird ein positiver Einfluss sowohl des Geschlechts als auch des Familienstatus auf den Einkommensstatus erwartet. Daher: ist sie weiblich und verheiratet, verdient die Person weniger, der Effekt wäre also positiv.

3.4 Analyse: multivariate Regression

Folgende Regression wird im nächsten Abschnitt zunächst in seinem Ursache- Wirkungs- Modell erklärt, daraufhin geschätzt und letztlich geprüft.

3.4.1 Regression

In die Regression werden lediglich die Dummy- Variablen weiblich und verheiratet einbezogen, da sowohl männlich und weiblich, als auch verheiratet und single/ nie verheiratet hoch korrelieren, wie folgende Tabellen zeigen:

Tabelle 10: Korrelation männlich und weiblich

		maennlich	weiblich
maennlich	Korrelation nach Pearson	1	1,000(**)
	Signifikanz (2-seitig)	.	.
	N	46595	46595
weiblich	Korrelation nach Pearson	1,000(**)	1
	Signifikanz (2-seitig)	.	.
	N	46595	46595

** Die Korrelation ist auf dem Niveau von 0,01 (2-seitig) signifikant.
Quelle: ALLBUS/ ISSP (2002); eigene Berechnung

Tabelle 11: Korrelation verheiratet und single/ nie verheiratet

		verheiratet	single/nie verheiratet
verheiratet	Korrelation nach Pearson	1	,682(**)
	Signifikanz (2-seitig)	.	,000
	N	46257	46257
single/nie verheiratet	Korrelation nach Pearson	,682(**)	1
	Signifikanz (2-seitig)	,000	.
	N	46257	46257

** Die Korrelation ist auf dem Niveau von 0,01 (2-seitig) signifikant.

Quelle: ALLBUS/ ISSP (2002); eigene Berechnung

In der folgenden Regressionsanalyse erhält die verwendete Variable D2 „weiblich" den Ausdruck X1 und Variable D4 „verheiratet" den Ausdruck X2.

Die Regression der hiesigen Untersuchung hat folgenden Ausdruck:

Tabelle 12: aufgenommene/ entfernte Variablen

Modell	Aufgenommene Variablen	Entfernte Variablen	Methode
1	verheiratet, weiblich(a)	.	Eingeben

a Alle gewünschten Variablen wurden aufgenommen.
b Abhängige Variable: S-P: Current employment status

Tabelle 13: Modellzusammenfassung

Modell	R	R-Quadrat	Korrigiertes R-Quadrat	Standardfehler des Schätzers
1	,287(a)	,082	,082	2,896

a Einflußvariablen : (Konstante), verheiratet, weiblich

Tabelle 14: ANOVA

Modell		Quadratsumme	df	Mittel der Quadrate	F	Signifikanz
1	Regression	21494,855	2	10747,427	1281,683	,000(a)
	Residuen	239881,173	28607	8,385		
	Gesamt	261376,028	28609			

a Einflußvariablen : (Konstante), verheiratet, weiblich
b Abhängige Variable: S-P: Current employment status

Tabelle 15: Koeffizienten

Modell		Nicht standardisierte Koeffizienten		Standardisierte Koeffizienten	T	Signifikanz
		B	Standardfehler	Beta		
1	(Konstante)	3,648	,056		64,846	,000
	weiblich	-1,676	,034	-,276	-48,755	,000
	verheiratet	,711	,056	,072	12,751	,000

a Abhängige Variable: S-P: Current employment status

3.4.2 Modellformulierung

Das Ziel der Regressionsanalyse besteht in der Berechnung einer Regressionsgleichung, welche die genaue Lage einer linearen Funktion im Koordinatensystem beschreibt, mit der die Gewichtung des Einflusses der unabhängigen auf die abhängige Variable berechnet werden kann. Daher zeigt die Regressionsanalyse den Kausalzusammenhang sowie die Effekte der erklärenden auf die zu erklärende Variable und schätzt auf Grundlage der Stichprobe den Zusammenhang in der Grundgesamtheit. Sie unterstellt darüber hinaus eine eindeutige Richtung des Zusammenhangs und untersucht somit sogenannte Je- Desto- Beziehungen, deckt Zusammenhänge auf und erstellt Prognosen.

Das lineare Regressionsmodell, um das es sich in der hier vorliegenden Untersuchung handelt, setzt eine lineare Beziehung zwischen abhängiger und unabhängigen Variablen voraus. Daher verändern sich die Variablen in konstanten Relationen. Ergebnis der Analyse sind die Koeffizienten der Regressionsgleichung. Je größer der absolute Betrag des Koeffizienten ist, desto größer ist der angenommene Einfluss von X auf Y (vgl. Backhaus et. al. 2000: 18). Die geschätzte Regressionsfunktion findet folgenden Ausdruck:

Abbildung 7: Regressionsfunktion der Stichprobe

$$\hat{Y} = b_0 + b_1 X_1 + b_2 X_2 + \ldots + b_j X_j + \ldots + b_j X_j$$

dabei ist

$\hat{Y}$ = geschätzte Funktion

b_0 = konstantes Glied

b_j = Regressionskoeffizient des j-ten Regressors

b1= Regressionskoeffizient des Regressors Geschlecht

b2= Regressionskoeffizient des Regressors Familienstatus

Xj= j- ter Regressor

Die geschätzte Funktion setzt sich für diese Untersuchung folgendermaßen zusammen:

$$Y = b0 + (b1* \text{Geschlecht}) + (b2* \text{Familienstatus})$$
$$= 3{,}648 + (-1{,}676\, X1) + ({,}711\, X2)$$

Quelle: Backhaus et.al. 2000: 6.

3.4.3 Schätzung der Regressionsfunktion

Die Regressionsgerade wird durch die Konstante b0 und der Regressionskoeffizienten b1 und b2 bestimmt. b0 gibt den Y- Wert für X=0 an und b1 ist der Quotient der Veränderung von Y im Verhältnis zu X.

Werden die Residuen in die Analyse einbezogen, erhält man die *allgemeine Regressionsgleichung*

Abbildung 8: allgemeine Regressionsgleichung

$$Y = b0 + (b1* X1) + (b2*X2) + e$$

Unter Annahme der Linearitätsbeziehung sieht sie folgend aus:

$$Y = a + (\beta 1 X1) + (\beta 2 X2) + e$$

Dabei drücken ß1 und ß2 das Maß für den Effekt der unabhängige Variablen auf die abhängige Variable aus.

Für diese Untersuchung setzt sich die allgemeine Regressionsfunktion folgend zusammen: *Einkommensstatus= Konstante+ (b1*Geschlecht)+ (b2*Familienstand)+ e*

Quelle : Backhaus et. al. 2000 : 13.

Die Parameter der Regressionsfunktion sollen so geschätzt werden, dass die Summe der quadrierten Abweichungen zwischen tatsächlichem und geschätzten Wert minimiert

wird. Daher wird die „Methode der kleinsten Quadrate" verwendet (Schneeweiß 1990: 21). Zur Durchführung der Analyse können fünf theoretische Annahmen formuliert werden, die für eine sinnvolle multivariate Regressionsanalyse gegeben sein müssen:
Erstens besteht ein linearer Zusammenhang zwischen der abhängigen und den unabhängigen Variablen. Der Erwartungswert der Residuen beträgt 0 und die Variablen korrelieren nicht mit den Residuen. Zudem besteht Varianzgleichheit der Residuen, sogenannte Homoskedastizität. Die Fehler dürfen also nicht extrem abweichen.
Letztlich müssen die Fehler unabhängig voneinander bestehen (vgl. ebd.).

3.4.4 Prüfung der Regressionsfunktion

Nun wird die Güte des Modells auf Grundlage des Ausdrucks der Regression geprüft. Hierfür wird einerseits untersucht, wie gut das Regressionsmodell die abhängige Variable erklärt und andererseits, wie gut selbige durch die erklärenden Variablen erklärt wird.

Folgende globale Gütemaße werden zur Prüfung der Regressionsfunktion in den nächsten Kapiteln in die Untersuchung einbezogen:
- Bestimmtheitsmaß r^2,
- F- Statistik und
- Standardfehler des Schätzers.

Zur Prüfung des Regressionskoeffizienten sind der
- T- Test des Regressionskoeffizienten und der
- Beta- Wert relevant

(vgl. Backhaus et. al. 2000 : 19).

3.4.4.1 Bestimmtheitsmaß r^2

Das Bestimmtheitsmaß r^2 macht eine Aussage darüber, inwieweit die Varianz des Modells erklärt wird. Daher bringt es die Vorhersage- und Erklärungskraft des Regressionsmodells zum Ausdruck und wird durch die Zahl der Regressoren beeinflusst. Der Wert kann durch die Zunahme von Regressoren zunehmen, jedoch ist dann der Erklärungsteil lediglich zufällig bedingt. Das adjustierte bzw. korrigierte r^2 berücksichtigt diese Problematik und verringert das r^2 um eine Korrekturgröße. Es sagt bei den hier vorliegenden zwei unabhängigen Variablen aus, dass der Einkommensstatus zu 8,2 Prozent durch die unabhängige Variablen erklärt wird. Es werden also 8,2 Prozent der Varianz von dem Modell erklärt und der Vorhersagefehler für den Einkommensstatus der befragten Person verringert sich um diesen Prozentsatz, wenn die Variablen Geschlecht und Familienstatus zur Vorhersage hinzugezogen werden. Dieser Prozentsatz ist jedoch sehr gering. Die abhängige Variable wird nur ungenügend durch die unabhängigen Variablen erklärt (vgl. Backhaus et. al.: 20- 24; eigene Berechnung).

3.4.4.2 F- Statistik

Die F- Statistik ist das Bestimmtheitsmaß dafür, wie gut sich die Regressionsfunktion an die beobachteten Werte anpasst. Sie prüft, ob das geschätzte Modell auch für die Grundgesamtheit Gültigkeit besitzt. Dabei erfolgt die Berechnung des Schätzwerts für die abhängige Variable durch die abhängigen Variablen durch die nicht standardisierten Koeffizienten (vgl. ebd.: 24-29).
Aus folgender Gleichung ergibt sich der bestmögliche Schätzwert für die abhängige Variable:

$Y = 3{,}648 + (-1{,}676) + 0{,}711 + e$
$Y = 2{,}683$

Das Modell entspricht nicht den sachlogischen Erwartungen, da beide unabhängige Variablen positiv mit dem Einkommensstatus korrelieren müssten. In diesem Modell schreibt aber SPSS den gesamten Effekt dem Familienstatus zu. Es macht eine mathematische Trennung, bei dieser das Geschlecht ins Negative rutscht. Die Korrelation entspricht daher nicht der Sachlogik.

Da beide Regressionskoeffizienten ungleich null sind, besteht ein Zusammenhang in der Grundgesamtheit, H0= ß1= ß2= 0 und H0=r^2=0 kann verworfen werden und die Hypothesen H1 und H2 werden zunächst bestätigt, da die Regressionskoeffizienten den Einkommensstatus beeinflussen. Ferner lehnt die Regressionskonstante ebenfalls H0 ab, da sie mit dem Wert 3,648 ebenfalls ungleich null und ihre Signifikanz kleiner als das vom Modell vorgegebene Signifikanzniveau von 5 Prozent ist.

Sie ist mit einer Irrtumswahrscheinlichkeit von 0% auf die Grundgesamtheit übertragbar. Jedoch verhält sich der Regressionskoeffizient von X1 entgegen H1. Ob das Modell auf die Grundgesamtheit übertragbar ist, wird in 3.4.5 geprüft (vgl. ebd.: 25, eigene Berechnung).

3.4.4.3 Standardfehler der Schätzung

Der Standardfehler der Schätzung ist die Standardabweichung der Stichprobenkennwertverteilung in der Grundgesamtheit. Er schätzt den mittleren Fehler, der bei der Schätzung der abhängigen Variablen bei der Verwendung der Regressionsfunktion gemacht wird, ist daher Maß für die Varianz der Koeffizienten. Der Standardfehler der Schätzung beträgt 2,896 (vgl. Treyer 2003: 35 f.; eigene Berechnung).

3.4.5 Prüfung der Regressionskoeffizienten

Zur Prüfung der Regressionskoeffizienten muss mithilfe der ANOVA zunächst untersucht werden, ob r^2 ungleich null ist. Da dieser ,082 beträgt, trifft die Aussage zu.
Trotz des sehr niedrigen Prozentsatzes von 8 Prozent, wird ein Teil der Varianz durch das Modell erklärt. Die ANOVA zeigt auf, ob aufgrund des Einflusses der unabhängigen Variablen auf den Einkommensstatus die H0- Hypothese definitiv angenommen oder verworfen werden kann und prüft daher, ob das Modell für die Grundgesamtheit Gültigkeit besitzt. Sie bezieht sich auf den Gesamtzusammenhang zwischen den unabhängigen und der zu erklärenden Variablen.

Da die Signifikanz ‚000 beträgt, ist das Modell statistisch auf die Grundgesamtheit übertragbar und mit einer Irrtumswahrscheinlichkeit von 0 Prozent wird der Vorhersagefehler für die Variable Einkommensstatus um 8,2 Prozent verringert.

Somit darf formell behauptet werden: wenn die Hypothese, dass kein Kausalzusammenhang zwischen Einkommensstatus und den Faktoren Geschlecht und Familienstatus als falsch zurückweist, man mit einer Wahrscheinlichkeit von 0% einen Irrtum begeht (vgl. Urban/ Mayerl 2008; eigene Berechnung).

3.4.5.1 T- Test der Regressionskoeffizienten

Nachdem in 3.4.4.2 untersucht wurde, ob ein Effekt der unabhängigen Variablen auf die abhängige Variable vorhanden ist, müssen die Regressionskoeffizienten nun einzeln überprüft werden.

Die Signifikanz beträgt für beide Koeffizienten der unabhängigen Variablen ‚000. die Irrtumswahrscheinlichkeit ist also kleiner als das vorgegebene Signifikanzniveau. Der Einfluss ist also signifikant. Daher ist der Kausalzusammenhang mit einer Irrtumswahrscheinlichkeit von 0 Prozent auf die Grundgesamtheit übertragbar (vgl. ebd.: 29- 31; eigene Berechnung).

3.4.5.2 Beta- Wert

Die nichtstandardisierten Koeffizienten sagen aus, dass wenn der Einkommensstatus einer Person bei 2,683 liegt, daher als „Aushilfe" tätig ist, das Geschlecht bei -1,676 liegt und der Familienstatus bei 0,711 Einheiten steigt. Das Geschlecht wirkt sich daher negativ und der Familienstatus positiv auf den Einkommensstatus aus. Das heißt, dass je geringer der Einkommensstatus ist, das Geschlecht von Kodierung 1 auf 0 sinkt und daher Männer einen tendenziell niedrigeren Einkommensstatus aufweisen als Frauen.

Je niedriger der Einkommensstatus der befragten Person ist, desto eher ist sie männlich und verheiratet. Dies würde bedeuten: je geringer der Einkommensstatus ist (hier: steigend von 1 bis 10, siehe Tabelle 4), desto eher ist die befragte Person männlich und tendenziell verheiratet.

Der Beta- Wert, bzw. die standardisierten Variablen geben den Erklärungsbeitrag, daher den Effekt der unabhängigen an der abhängigen Variablen an. Generell gilt, dass je höher Beta ist, desto höher ist der Erklärungsbeitrag für den Einkommensstatus einer Person. Da es sich bei den unabhängigen Variablen um Dummys handelt, müssen zur Darstellung der Effektstärke die nicht standardisierten Regressionskoeffizienten betrachtet werden. Folgende Aussagen dürfen getroffen werden:

Wenn das Geschlecht um eine Einheit zunimmt, daher die befragte Person weiblich ist, sinkt der Einkommensstatus voraussichtlich um 1,676 Einheiten und verdient daher weniger. Bei Beachtung der Skalierung steigt ihr Einkommensstatus.

Wenn der Familienstatus der befragten Person zunimmt, sie daher verheiratet ist, steigt der Einkommensstatus voraussichtlich um ,711 Einheiten und verdient somit weniger.

Der Effekt des Geschlechts ist vergleichsweise mehr als doppelt so hoch als der von X2. Beide Aussagen treffen nur zu, wenn die jeweils andere erklärende Variable konstant gehalten wird.

3.5 Interpretation der Ergebnisse und Prüfung der Hypothesen

Regressionsgerade und Regressionskoeffizienten machen keine Aussage über den statistischen Zusammenhangs des Modells. Die Gerade liefert den Wert der zu erklärenden Variablen, wenn die unabhängige unbekannt ist und die Koeffizienten messen den Einfluss der unabhängigen auf die abhängige Variable. R^2 hingegen zeigt den linearen Zusammenhang. Da der Inhalt des Ergebnisses nicht plausibel ist und nicht entsprechend der Erwartungen bzw. der Sachlogik, müsste demnach H1 verworfen werden.

Zuvor müssen aber die statistischen Kriterien geprüft werden. Die Koeffizienten sind zwar ungleich null und das Modell ist signifikant, jedoch ist r^2 sehr klein, sodass nicht angenommen werden kann, dass die unabhängigen Variablen die Zielvariable erklären. Daher ist es sehr unwahrscheinlich, dass ein linearer Zusammenhang zwischen den Variablen besteht (vgl. Backhaus et. al. 2000).

Eine Erklärung dafür, dass H1 nicht durch das Modell bewiesen wurde, können zweierlei Möglichkeiten bieten:

1. die Ergebnisse DIESER Gruppe erfüllen nicht die Erwartungen, weil die unabhängigen Variablen die Zielvariable nicht erklären und
2. eine Vielzahl anderer Einflussvariablen sind nicht in die Regressionsanalyse einbezogen, wie beispielsweise Schulabschluss, Betreuungsmöglichkeiten, familienbedingte Berufspausen und Haushaltszusammensetzung. Der zeitliche Rahmen der Untersuchung hätte die Einbeziehung weiterer unabhängiger Variablen nicht zugelassen.

Jedoch lässt sich H2 durch das Modell bestätigen: verheiratete Personen üben, wie in 3.2.2 angenommen, einen positiven Effekt auf den Einkommensstatus aus.

Jedoch besteht hier ebenfalls die Problematik, dass der Familienstatus nur ungenügend die Zielvariable erklärt.

Teil 4: Fazit und Ausblick

Es gibt drei Familienmodelle, die in unserer Gesellschaft Halt finden: das integrative Modell, in dem Familie und Beruf verknüpft werden, das sukzessive Modell, die zeitliche Trennung von Familie und Beruf, sowie das Ausschließlichkeitsmodell, das Prioritäten zugunsten des Berufes setzt. Erstes verknüpft Familie und Beruf und wird insbesondere von Mädchen favorisiert. Für das sukzessive Modell entscheidet sich der Großteil der jungen Männer. Bei jungen Mädchen befinden sich beruflicher Erfolg und Familienplanung auf der Zeitachse weiter voneinander entfernt. Hier findet sich das Bild der patriarchalischen Arbeitsteilung und Rollenzuschreibung wieder. Das Ausschließlichkeitsmodell wird, wie ersteres, von Mädchen bevorzugt (vgl. Liesering/ Rauch 1996).

Die Entgeltungleichheit in Deutschland zeigt sich in den Studien von Liesering/ Rauch und Engelbrech aus den 80er und 90er Jahren und in den aktuellen Studien des BMFSFJ. 1990 zeichnete sich bereits ein geschlechtsspezifischer Einkommensunterschied von circa einem Viertel zugunsten des männlichen Bevölkerungsanteils ab.

Charles (1992), Jacobs und Lim (1995) führten Untersuchungen hinsichtlich der Faktoren der Einkommensungleichheit durch. Dabei stellte sich heraus, dass die Modernisierungsprozesse der westlichen Gesellschaft positiv mit der geschlechtsspezifischen Arbeitsmarktsegregation korrelieren (vgl. Charles 1992; Jacobs/ Lim 1995). Zudem zeigen Erklärungen aus Sozialisations- und Humankapitaltheorien, dass die individuelle Berufswahl der Geschlechter von gesellschaftlichen Normen und Werten sowie Familienmodellen beeinflusst werden, sodass die Berufswahl letztendlich doch nicht so individuell getroffen wird, wie von den betroffenen Personen angenommen.

Dieses Bild der Gesellschaftsstruktur widerspricht den Anliegen der deutschen Regierung, eines ihrer wichtigsten gesellschaftlichen Ziele es ist, Frauen die Möglichkeit zu bieten, Berufs- und Kinderwunsch gleichermaßen selbstbestimmt realisieren zu können (vgl. BMFSJ 2007).

Laut Steinberg (vgl. Steinberg 1995, siehe Abschnitt 1.3) bewertet die Gesellschaft Berufe, die beispielsweise mit Verantwortung für Maschinen verknüpft sind, höher, als jene mit Verantwortung für Menschen. Ferner bilden gesellschaftliche Werte und Normen drei Bestimmungsfaktoren der Entgeltungleichheit heraus: erstens begrenzter

Zugang zu männerdominierten Berufen, die in der Regel besser bezahlt werden, zum Beispiel wegen eingeschränkter Zugangsmöglichkeiten zu Schul- und Berufsausbildung. Zweitens veraltete Rollenverständnisse sowie Sexismus und drittens führen Hürden beim Wiedereinstieg in die Beschäftigung sowie Probleme der Vereinbarkeit von Familie und Beruf zu Benachteiligungen auf dem Arbeitsmarkt. Zusätzlich werden Frauen auf dem deutschen Arbeitsmarkt statistisch diskriminiert, da Unternehmen davon ausgehen, dass Frauen mit geringerer Wahrscheinlichkeit langfristig tätig sind. Dies führt in einen Teufelskreis, denn Vorurteile führen zu verminderter Erwerbsneigung seitens der Frau, die von unzureichenden familien- und steuerpolitischen Maßnahmen der Regierung zusätzlich genährt werden. Dies wiederum leitet zu geschlechtsspezifischer Arbeitsmarktsegregation aufgrund schlecht bewerteter Lohnverhandlungen sowie häufiger Unterbrechung oder Reduzierung der Erwerbsätigkeit (vgl. BMFSFJ 2009).

Laut BMFSFJ 2007 können Frauen schneller in einen Beruf zurückkehren, je besser die Betreuungsmöglichkeiten sind. Je besser die Betreuungsmöglichkeiten, desto kleiner ist wiederum die Wahrscheinlichkeit, einer Teilzeitbeschäftigung nachgehen zu müssen. Laut den Daten den Bundesministeriums besteht also ein Zusammenhang zwischen Beschäftigungsumfang und Lohnniveau, demnach bei gesichertem und gleichem Frauenbeschäftigungsumfang der geschlechtsspezifische Lohnunterschied gegen null geht. Die Nicht- Vereinbarkeit von familiärer Pflicht und Beruf führt tendenziell zu verändertem Beschäftigungsumfang, der den Entgeltunterschied bestimmt. Die Voraussetzung für gesicherten Beschäftigungsumfang ist die Vereinbarkeit von Familie und Beruf- das wiederum bedingt entsprechende Betreuungsmöglichkeiten (vgl. BMFSFJ 2007).

Darüber hinaus besteht aufgrund nicht erklärbarer Verdienstunterschiede in selben Branchen ein Zusammenhang zwischen Geschlecht und Einkommensstatus (vgl. BMFSFJ 2009). Ferner zeigt Steinberg (1995), dass der Einkommensunterschied zwischen verheirateten Männern und Frauen in den 90er Jahren unübersehbar war (vgl. Steinberg 1995). Beide Zusammenhänge konnten auf Grundlage der empirischen Untersuchung im dritten Teil nicht beantwortet werden. Trotzdem muss die Frage gestellt werden, worin die Folgen des Entgeltunterschieds bestehen.

Die Folgen bestehen einerseits in statistischer Diskriminierung der Frau, da die Erwartungshaltung der Unternehmen zu verminderter Erwerbsbeteiligung ersterer und wiederum dazu führt, dass weniger Frauen eingestellt bzw. weitergebildet werden.

Das Resultat ist katastrophal: geringere Karrierechancen und Entgeltungleichheit lassen viele Frauen resignieren und in tradierte Rollenbilder zurückziehen. Hier entsteht ein weiterer Teufelskreis: die Erwartungen der Unternehmen und jene junger Frauen erfüllen sich von selbst (vgl. IW 2008).

In Schweden hingegen sprechen die Zahlen eine andere Sprache: die Vereinbarkeit von Familie und Beruf ist aufgrund gleichstellungspolitischer Maßnahmen leichter, die Erwerbstätigenquote der Frauen höher, ihre Teilzeitquote dagegen kleiner und ergo der berufliche Erfolg vergleichsweise wesentlich höher und damit verbundene Lohnunterschied geringer (vgl. IFP 2005).

Der Unterschied zwischen Deutschland und Schweden zeichnet sich letztendlich im Armutsrisiko ab: da Frauen weniger verdienen als Männer, besteht durchaus die Möglichkeit, dass die Entgeltungleichheit positiv mit Armutsrisiko korreliert, weil laut aktuellem Armuts- und Reichtumsbericht das Einkommen die Handlungsoptionen der Individuen sowie ihre Teilhabechancen und sowohl die wirtschaftliche also auch materielle Situation bestimmt. Darüber hinaus sind fast doppelt so viele Frauen im Niedriglohnsektor tätig als Männer und Alleinerzieherinnen stellen in Deutschland die Gruppe mit der höchsten Armutsgefährdungsquote (vgl. BMAS 2008; vgl. Ruppert/ Voigt 2009).

Dagegen besetzen mehr als die Hälfte der schwedischen Führungspositionen Frauen und die Armutsgefährdungsquote für Alleinerzieherinnen ist nicht einmal halb so hoch wie jene für deutsche Frauen. Dass der Entgeltunterschied in Schweden unter und die Fertilitätsrate über dem europäischen Durchschnitt liegt, zeigt, dass sich Deutschland einiges abschauen darf:

- höhere zahlenmäßige Repräsentation der Frau,
- höherer Beschäftigungsumfang und
- folglich höhere Berufserfolgsquoten.

Schweden kann daher als positives Beispiel für die deutsche Politik betrachtet werden. Jedoch muss man auch die unterschiedlichne politischen Entwicklungen beider Länder berücksichtigen. Besonders gleichstellungspolitische Maßnahmen und das generelle sozialpolitische Anliegen der schwedischen Regierung, Lohnunterschiede zwischen den Geschlechtern zu bekämpfen, trug zur heutigen Arbeitsmarktstruktur bei. Zusammenfassend kann als Fazit der vorliegenden Arbeit die Realisierung folgender Punkte als unumgänglich betrachtet werden um die politische Gleichstellung zwischen Mann und Frau in Deutschland zu realisieren:

1. tradierte patriarchalische Rollenbilder müssen abgeschafft werden, beispielsweise durch Politik und Medien wie die Projekte *Girl's Day* und *Komm, mach MINT,* welche die Berufsauswahl junger Frauen erweitern sollen,
2. Mädchen und Frauen muss der offene Zugang zu gutbezahlten Berufen gewährt werden sowie die Förderung in Schule und Hochschule hinsichtlich der hierfür spezifischen, wie zum Beispiel naturwissenschaftlicher Fächer,
3. Steuersystem und Elterngeldmodell müssen geändert werden, sodass diese dem männlichen Ernährermodell entgegenwirken. Dies würde einerseits dem Paar die gleichberechtigte Betreuung und der Frau die Entscheidung für ein (weiteres) Kind attraktiver machen,
4. ausreichende Kinderbetreuungsmöglichkeiten und
5. an die Unternehmen muss appelliert werden, Vorurteile abzubauen.

Aus vergleichender Betrachtung ist festzustellen, dass wo Frauenemanzipation, Selbstständigkeit und insbesondere die weibliche Selbstbestimmung unterstützt und anerkannt werden, ist das Armutsrisiko für diese Gruppe kleiner und die Kinderzahl höher (vgl. Phillips 1995). In Deutschland sind effiziente politische Maßnahmen zur Vermeidung von Entgeltungleichheit in den kommenden Jahren unumgänglich, will die Gesellschaft tradierte Rollenbilder der Geschlechter abschaffen und demokratische und soziale Mindestanforderungen erfüllen.

Literatur

Assenmacher, Walter (2003): Deskriptive Statistik. 3. Auflage. Berlin, Heidelberg, New York: Springer.

Backhaus, Klaus/ Erichson, Bernd/ Plinke, Wulff/ Weiber, Rolf (2000): Multivariate Analysemethoden. Eine anwendungsorientierte Einführung. Berlin, Heidelberg, New York: Springer.

Beck, Ulrich (2007): Weltrisikogesellschaft. Auf der Suche nach der verlorenen Sicherheit. Frankfurt am Main: Suhrkamp.

Beck- Gernsheim, Elisabeth/ Ostner, Ilona (1978): Frauen verändern- Berufe nicht? Ein theoretischer Ansatz zur Problematik von >Frau und Beruf<. In: Soziale Welt, 29, S. 257- 287.

Becker- Schmidt, Regina/ Knapp, Gudrun- Axeli (2000): Feministische Theorien zur Einführung. Hamburg: Junius.

Blau, Francine D./ Jusenius, Carol J. (1976) : Economists' Approaches to Sex Segregation in the
Labour Market: An Appraisal. In: Blaxall, MarthaReagan, Barbara (Hrsg): Woman and the Workplace. Chicago, London, S. 181- 200.

(BMAS) Bundesministerium für Arbeit und Soziales (Hrsg.) (2008): Lebenslagen in Deutschland. Der 3.
Armut- und Reichtumsbericht der Bundesregierung. Bonn.

(BMFSFJ) Bundesministerium für Familie, Senioren, Frauen und Jugend (2003): Gender Mainstreaming
(http://www.gender-mainstreaming.net/gm/Hintergrund/herkunft.html, 01.08.2010).

(BMFSFJ) Bundesministerium für Familie, Senioren, Frauen und Jugend (2005): Gender Datenreport. 1. Datenreport zur Gleichstellung von Frauen und Männernin der Bundesrepublik Deutschland: München
(http://www.bmfsfj.de/Publikationen/genderreport/3-Erwerbseinkommen-von-frauen-und-maennern/3-2-einkommensunterschiede-im-europaeischen-vergleich.html, 01.08.2010).

(BMFSFJ) Bundesministerium für Familie, Senioren, Frauen und Jugend (2007): Familienstrukturatlas. Standortbestimmung, Potentiale, Handlungsfelder. Berlin.

(BMFSFJ) Bundesministerium für Familie, Senioren, Frauen und Jugend (2009): Dossier: Entgeltungleichheit zwischen Frauen und Männern in Deutschland. Berlin.

Bühl, Achim/ Zöfel, Peter (2002): SPSS 11. Einführung in die moderne Datenanalyse unter Windows. 8. Auflage. München: Pearson Studium.

Bundeskanzleramt Österreich, Sektion II – Frauenangelegenheiten und Gleichbehandlung (2009): Schweden: Vorbild bei der Gleichstellung von Frauen und Männern und bei der

Einkommenstransparenz (http://www.oesterreich.gv.at/site/6804/default.aspx, 05.09.2010).

Butler, Judith (1991): Das Unbehagen der Geschlechter. Gender Studies. Frankfurt am Main: Suhrkamp.

Charles, Maria (1992): Cross- National Variation in Occupational Sex Segregation. In: American Sociological Review, 57, S. 483- 502.

de Beauvoir, Simone (1949): Das andere Geschlecht – Sitte und Sexus der Frau. Reinbeck bei Hamburg: Rowohlt.

Dettling, Daniel: Das Elterngeld (2008): Durchbruch oder ungerecht? In: Das Familienhandbuch des Staatsinstitut für Frühpädagogik (http://www.familienhandbuch.de/cmain/f_programme/a_leistungen_fuer_familien/s_2072.html, 05.09.2010).

England, Paula (1982): The Failure of Human Capital Theory to Explain Occupational Sex Segregation. In: Journal of Human Ressources, 17, S. 350- 370.

Engelbrech, Gerhard (1996): Die Beharrlichkeit geschlechtsspezifischer beruflicher Segregation: Betriebliche Berufsausbildung und geschlechtsspezifische Segregation des Arbeitsmarktes. In: Liesering, Sabine/ Rauch, Angela (Hrsg): Hürden im Erwerbsleben. Aspekte beruflicher Segregation nach Geschlecht. Beitrage zur Arbeitsmarkt- und Berufsforschung. Nürnberg: Institut für Arbeitsmarkt- und Berufsforschung, S. 65- 90.

Eurostat. Statistik kurzgefasst Thema 3- 15/ 2003. In: (IFP) Das Familienhandbuch des Staatsinstituts für Frühpädagogik (2010): Familien im internationalen Vergleich: Deutschland, Österreich, Schweden Norwegen. In: Österreichisches Institut für Familienforschung: Kinderbeihilfenpakete im internationalen Vergleich. Paper Nr. 52/ 2005 (http://www.familienhandbuch.de/cmain/f_Fachbeitrag/a_Familienforschung/s_2114.html, 03.11.2010).

Eurostat. Statistik kurzgefasst Thema 3- 16/ 2004. In: (IFP) Das Familienhandbuch des Staatsinstituts für Frühpädagogik (2010): Familien im internationalen Vergleich: Deutschland, Österreich, Schweden Norwegen. In: Österreichisches Institut für Familienforschung: Kinderbeihilfenpakete im internationalen Vergleich. Paper Nr. 52/ 2005 (http://www.familienhandbuch.de/cmain/f_Fachbeitrag/a_Familienforschung/s_2114.html, 03.11.2010).

(IFP) Das Familienhandbuch des Staatsinstituts für Frühpädagogik (2010): Familien im internationalen Vergleich: Deutschland, Österreich, Schweden Norwegen. In: Österreichisches Institut für Familienforschung: Kinderbeihilfenpakete im internationalen Vergleich. Paper Nr. 52/ 2005 (http://www.familienhandbuch.de/cmain/f_Fachbeitrag/a_Familienforschung/s_2114.html, 03.11.2010).

Foucault, Michel (1977): Sexualität und Wahrheit. Der Wille zum Wissen. Band 1. Frankfurt am Main: Suhrkamp.

Gonäs, Lena (2006): Gendered Devisions of Work: A multilevel Approach. In: Gonäs, Lena/ Karlsson, Jan Ch.(Hrsg): Gender Segregation. Divisions of Work in Post- Industrial Welfare States. Hampshire, Burlington: Ashgate Publishing, S. 1- 12.

Grasse, Alexander/ Ludwig, Carmen/ Dietz, Berthold (2006): Problemfeld "soziale Gerechtigkeit" – Motive, Inhalte und Perspektiven. In: Grasse, Alexander/ Ludwig, Carmen/ Dietz, Berthold (Hrsg): Soziale Gerechtigkeit. Reformpolitik am Scheideweg. Wiesbaden: VS Verlag, S. 17- 36.

Hausmann, Ricardo/ Tyson, Laura D./ Zahidi, Saadia (2008): Global Gender Gap Report. In: World Economic Forum. Berkeley: Harvard University and University of California (http://www.weforum.org/pdf/gendergap/report2008.pdf).

Heintz, Bettina/ Oprecht, Werner (1981): Die sanfte Gewalt der Familie. In: Hischier, Guido u. a. (Hrsg): Sozialstruktur und Weltgesellschaft. Dissenhofen: Rügger, S. 447- 472.

Hernes, Helga Maria (1987): Welfare State and Woman Powers: Essay in State Feminism. Norwegian University Press.

Holland- Cunz, Barbara (2003): Die neue alte Frauenfrage. Frankfurt am Main: Suhrkamp.

Holter, Harriet (1984): Patriarchy in a Welfare Society. Norwegian University Press.

(IW) Institut der deutschen Wirtschaft (2008): Expertise: „Der geschlechtsspezifische Lohnabstand: Indikatoren, Ursachen und Lösungsansätze". Köln.

Jacobs, Jerry A./ Lim, Suet (1995): Trends in Occupational and Industrial Sex Segregation in 56 Countries. In: Jacobs, Jerry A. (Hrsg.): Gender Inequality at Work. London, S. 259- 293.

Jacobs, Jerry A. (1989): Revolving Doors: Sex Segregation and Woman's Career. Stanfort.

Kohn, Melvin L., /Schooler, Carmi (1982): Job Conditions and Personality: A Longitudinal Assessment of Their Reciprocal Effects. In: American Journal of Sociologie, 87/ 6, S. 1257- 1286.

Kröhnert, Steffen/ Klingholz, Reiner (2005): Emanzipation oder Kindergeld? Der deutsche Vergleich lehrt, was man für höhere Geburtenraten tun kann. In: Sozialer Fortschritt (54), 12: 280- 290.

Kühnel, Steffen- M./ Krebs, Dagmar (2001): Statistik für die Sozialwissenschaften. Grundlagen, Methoden, Anwendungen. Reinbek bei Hamburg: Rowohlt.

Lovenduski, Joni (1986): Women and European Politics: Contemporary Feminism and Public Politics. Hemel Hempstead: Wheatsheaf.

Mincer, Jocob/ Polachek, Solomon (1974): Family Investment in Human Capital: Earnings of

Woman. In: Journal of Political Economy, 82, S. 76- 108.

Osterloh, Margrit/ Oberholzer, Karin (1994): Der geschlechtsspezifische Arbeitsmarkt: Ökonomische und soziologische Erklärungsansätze. In: Aus Politik und Zeitgeschichte, Herausgegeben von der Bundeszentrale für politische Bildung, 11/ 2, S. 3- 10.

Phillips, Anne (1995): Geschlecht und Demokratie. Hamburg: Rotbuch.

Piepenbrink, Johannes (2009): Frauen in Politik und Medien. In: Aus Politik und Zeitgeschichte. Beilage
zur Wochenzeitschrift Das Parlament. Heft 50/ 2009 (http://www1.bpb.de/publikationen/8NZ3JY,0,0,Frauen_in_Politik_und_Medien.html, 05.05.2020).

Prokop, Ulrike (1976): Weiblicher Lebenszusammenhang. Von der Beschränktheit der Strategien und der Unangemessenheit der Wünsche. Frankfurt am Main: Suhrkamp.

Schneeweiß, Hans (1990): Ökonometrie. 4. Auflage, Berlin, Heidelberg, New York: Physica Verlag Springer.

Schwedisches Institut (2009): Gleichstellung der Geschlechter in Schweden (http://www.sweden.se/de/Startseite/Arbeiten-leben/Fakten/Gleichstellung-der-Geschlechter-in-Schweden, 01.10.2010).

Spiegel online (2008): Trotz staatlicher Förderung. Nur 6884 Väter nahmen ein Jahr Elternzeit (http://www.spiegel.de/wirtschaft/0,1518,559053,00.html, 03.08.2010).

Spiegel online (2009): Ungleiche Löhne. Gleichstellung durch Computerprogramm (http://www.spiegel.de/wirtschaft/0,1518,614334,00.html, 03.08.2010)

Destatis (2008): Pressemitteilung vom 14. 11. 2008: Projekt: „Verdienstunterschiede zwischen Frauen
und Männern" (http://www.destatis.de/jetspeed/portal/cms/Sites/destatis/Internet/DE/ Presse/pm/2008/11/ PD08__427__621,templateId=renderPrint.psml, 01.11.2010).

Steinberg, Ronnie (1995): Gendered Instructions: Cultural Lag and Gender Bias in the Hay System of Job Evaluation. In: Jacobs, Jerry (Hrsg.): Gender Inequality at Work. London,
S. 57- 92.

Treyer, Oscar (2003): Business Statistik. Anwendungsorientierte Theorie mit Beispielen, Aufgaben mit kommentierten Lösungen, Glossar, Formelsammlung und Fachwörter Deutsch- Englisch- Deutsch. Baden: Mikro und Repro.

Urban, Dieter/ Mayerl, Jochen (2008): Regressionsanalyse: Theorie, Technik und Anwendung. 3. Auflage. Wiesbaden: VS Verlag für Sozialwissenschaften.

Villa, Paula- Irene (2007): Kritik der Identität, Kritik der Normalisierung- Positionen von Queer Theory. In: Hieber, Lutz/ Villa, Paula- Irene (Hrsg.): Images von Gewicht. Bielefeld: Transcript, S. 165- 190.